••• Títulos relacionados

INSERCIÓN LABORAL DE PERSONAS CON DISCAPACIDAD SSCG0109

[DISPONIBLE CERTIFICADO COMPLETO]

Solicítalos en

- Librería
- www.paraninfo.es
- Solicitudes nacionales +34 914 463 350
- Solicitudes fuera de España +34 913 308 907
                              +34 913 308 919

Desarrollo de habilidades personales y sociales de las personas con discapacidad

Cristina de Alba Galván

© 2024 Ediciones Paraninfo, S. A.
© 2024 Cristina de Alba Galván

Edición y maquetación: Ediciones Nobel, S. A.

Impresión: Ulzama Digital
ISBN: 978-84-283-7075-2
Depósito legal: M-27264-2024

Impreso en España

Autora

Cristina de Alba Galván es licenciada en Psicología por la Universidad de Sevilla, con formación de posgrado en Dirección y Gestión de Recursos Humanos.

Su trayectoria profesional se ha centrado en la gestión de personas, realizando tareas de análisis de perfiles profesionales, selección, formación y desarrollo del talento humano. Ha colaborado con equipos multidisciplinares, participando en labores de intermediación laboral y coordinado estudios y proyectos de investigación y evaluación, tanto en el sector público como privado.

Es colaboradora en medios digitales, donde ha publicado artículos sobre desarrollo personal y profesional, así como sobre temas relacionados con empleo y formación.

Índice

Introducción normativa

La Ley Orgánica 3/2022, de 31 de marzo, de ordenación e integración de la Formación Profesional, contiene una disposición derogatoria única que afecta a la regulación de los certificados de profesionalidad, ahora denominados **Certificados Profesionales.** La referida normativa deroga la Ley Orgánica 5/2002, de 19 de junio, de las Cualificaciones y de la Formación Profesional, y abre un escenario de cambios que se irán implementando progresivamente.

La Ley Orgánica 3/2022, de 31 de marzo, de ordenación e integración de la Formación Profesional implica que toda la formación es acumulable. La oferta formativa se estructura de forma escalonada, siendo los Certificados Profesionales un nivel intermedio (Grado C) de una escala que va desde el Grado A hasta el E.

En los artículos 35 a 38 de la Ley 3/2022 se describe en qué consisten estos Certificados Profesionales: su oferta, formación asociada, estructura, duración, acceso, titulación y validez. Posteriormente, esta normativa se completa con lo dispuesto en el Real Decreto 659/2023, de 18 de julio, que desarrolla la ordenación del sistema de Formación Profesional. Concretamente en los artículos 67 a 81 es donde se hace referencia a la oferta formativa de Grado C, correspondiente a los Certificados Profesionales.

Están agrupados en 26 familias profesionales con características comunes del sector. En la actualidad hay más de medio millar de Certificados Profesionales incluidos en el Repertorio Nacional. Esta cifra no deja de crecer. Además, cada certificado está específicamente regulado por un real decreto.

Un Certificado Profesional corresponde al Grado C de la oferta del Sistema de Formación Profesional. Es un documento oficial, con validez en todo el territorio nacional y debe constar en el Catálogo Nacional de Ofertas de Formación Profesional, que certifica la capacitación para el desarrollo de una actividad profesional.

Debe detallar los módulos profesionales superados y los estándares de competencia profesional asociados a él e incluidos en el **Catálogo Nacional de Estándares de Competencias Profesionales**, así como su correspondencia con el Marco Español de Cualificaciones.

Despliegan su validez en un doble ámbito, laboral y académico:

- En el contexto laboral tienen validez profesional, porque acreditan las competencias en una determinada profesión. Para poder trabajar en algunas profesiones, se exigen determinadas cualificaciones, y los certificados sirven para acreditarlas.

- Asimismo, tienen validez académica, puesto que permiten continuar un itinerario formativo siempre que se cumplan los requisitos de acceso para cursar la titulación deseada. De tal modo que, los Certificados Profesionales que sean parte de un Grado D permitirán la matrícula modular para completar los módulos establecidos en el currículo y obtener el correspondiente título de técnico básico, técnico o técnico superior con validez en todo el territorio nacional.

Para obtener un Certificado Profesional (Grado C) es preciso cumplir con los requisitos de acceso para realizar la formación.

Estructura de los Certificados Profesionales

I. Identificación: denominación, familia y área profesional a la que pertenecen; nivel de cualificación profesional (1, 2 o 3); cualificación profesional de referencia; entorno profesional y módulos formativos que esté previsto cursar junto con la duración de cada uno de ellos.

II. Perfil profesional: incluye las competencias profesionales requeridas en el mercado laboral. En todas ellas se concretan las realizaciones profesionales y los criterios de realización.

III. Formación: describe los módulos formativos que esté previsto cursar para adquirir las competencias requeridas. En cada uno de ellos se indican las capacidades que se pretende alcanzar y la duración del módulo de prácticas no laborales —PNL—, para el que cabe solicitar exención si se cumplen determinados requisitos.

IV. Prescripciones de las personas formadoras.

V. Requisitos mínimos de espacios, instalaciones y equipamiento.

Los Certificados Profesionales se identifican con una denominación concreta y un código alfanumérico propio, y sirven para acreditar una determinada cualificación profesional. Cada certificado está asociado a una relación de unidades de competencia que, a su vez, se vinculan con una serie de módulos formativos específicos. Algunos módulos están integrados por unidades formativas y tanto unos como otras son, en ocasiones, transversales, lo que significa que se trata de contenidos incluidos en más de un Certificado Profesional.

Los Certificados Profesionales se articulan en tres niveles de competencia profesional (1, 2 y 3) conforme a lo dispuesto en el que será el Catálogo Nacional de Estándares de Competencias Profesionales, anteriormente Catálogo Nacional de Cualificaciones Profesionales (CNCP), según los criterios establecidos de conocimientos, iniciativa, autonomía y complejidad de las tareas, en cada una de las ofertas de Formación Profesional.

La oferta formativa dirigida a la obtención de los Certificados Profesionales tiene carácter modular para favorecer la acreditación parcial acumulable de la formación recibida y posibilitar así el avance en el itinerario de Formación Profesional para cualquiera que sea la situación laboral de cada persona en cada momento.

En definitiva, el Grado C constituye la oferta, parcial y acumulable, del sistema de Formación Profesional, de varios módulos profesionales del catálogo modular de Formación Profesional por razón de su significado en el mercado laboral y conducente a la obtención de un Certificado Profesional.

Las ofertas de Grado C de Formación Profesional tendrán por objeto módulos profesionales incluidos previamente en el catálogo modular de formación profesional y asociados al Catálogo Nacional de Estándares de Competencias Profesionales.

Finalidad de los Certificados Profesionales

- Contribuir a la ordenación de un Sistema de Formación Profesional al servicio de un régimen de formación y acompañamiento profesionales que sea capaz de responder con flexibilidad a los intereses, expectativas y aspiraciones de cualificación profesional de las personas a lo largo de su vida.

- Combinar escuela y empresa situando a la persona en el centro del sistema.

- Facilitar el aprendizaje permanente de toda la ciudadanía mediante una formación abierta, flexible y accesible, estructurada de forma modular, a través de la oferta formativa asociada al certificado.

- Acreditar las cualificaciones profesionales o las unidades de competencia recogidas en estas, independientemente de su vía de adquisición, bien sea través de la vía formativa, o mediante la experiencia laboral o vías no formales de formación.

- Favorecer, tanto a nivel nacional como europeo, la transparencia del mercado de trabajo.

- Contribuir a la calidad de la oferta de Formación Profesional.

Este libro

El presente libro desarrolla la Unidad Formativa denominada *Desarrollo de habilidades personales y sociales de las personas con discapacidad,* UF0799.

Dicha unidad formativa está asociada a la Unidad de Competencia UC1035_3, forma parte del Módulo Formativo MF1035_3 *Entrenamiento en habilidades sociolaborales de personas con discapacidad* perteneciente a las Cualificación Profesional de referencia SSC323_3, de nivel 3, incluida en el Certificado Profesional denominado *Inserción laboral de personas con discapacidad,* dentro de la familia profesional Servicios Socioculturales y a la Comunidad.

Según el Real Decreto 721/2011, de 20 de mayo, los contenidos que en esta obra se recogen se corresponden con una duración de 60 horas.

Tanto la estructura como el desarrollo del libro se ajustan al citado real decreto y más concretamente a los contenidos de la Unidad Formativa que le da título *Desarrollo de habilidades personales y sociales de las personas con discapacidad,* UF0799.

Contenido

1. **Desarrollo de las habilidades de autonomía personal en personas con discapacidad.**
   - Habilidades de autonomía personal. Definición y características.
   - Calidad de vida. Modelos e Indicadores.
   - Autonomía Personal y personas con discapacidad.
   - Características diferenciales de los distintos colectivos.
     - Discapacidades físicas.
     - Discapacidades sensoriales.
     - Otras discapacidades: enfermedad mental, trastorno del espectro del autismo, discapacidad intelectual.
   - Autonomía personal y ámbitos de actuación.
     - Actividades de la vida diaria (AVD).
     - Movilidad urbana y desplazamientos.
     - Acceso y participación en los recursos de la comunidad.
     - Gestión y manejo del dinero.
     - Resolución de problemas cotidianos.

2. **Desarrollo de las habilidades sociales para la inserción sociolaboral de personas con discapacidad.**
   — Habilidades sociales:
     • Habilidades de comunicación verbal y no verbal.
     • Habilidades de relación interpersonal.
     • Habilidades de comprensión y expresión de emociones.
     • Toma de decisiones.
   — Habilidades sociales y personas con discapacidad.
     • Discapacidades sensoriales.
     • Discapacidades físicas.
     • Otras discapacidades: enfermedad mental, trastorno del espectro del autismo, discapacidad intelectual.
3. **Técnicas básicas de promoción de las habilidades sociales para personas con discapacidad.**
   — Análisis y refuerzo de conductas apropiadas a las situaciones sociales.
   — Aprendizaje social. Modelado
   — Juego de roles (*role-playing*).
   — Ayudas visuales aplicadas al entrenamiento de las habilidades sociales: pictogramas, guiones sociales.
   — Otras.

4. **Conducta social en el entorno laboral.**
   — Normas sociales implícitas en los entornos laborales.
   — Relaciones interpersonales y resolución de conflictos interpersonales.

Nota del editor

En Ediciones Paraninfo estamos comprometidos con la calidad de la formación e intentamos que nuestros materiales, respondan fielmente y con rigor a las necesidades de todos cuantos confían en nuestro sello editorial.

Tratamos de dar respuesta a los currículos de las unidades formativas y de los módulos que integran los distintos Certificados Profesionales, equilibrando la parte teórica con la práctica para que los procesos de aprendizaje se conviertan en experiencias gratificantes tanto para docentes como para las personas inmersas en los procesos formativos.

Contribuir de forma decisiva a afianzar aprendizajes, ayudar a adquirir destrezas que tengan significado para el empleo y conseguir potenciar el desarrollo personal es nuestra mayor satisfacción como editores.

Para lograrlo contamos con excelentes autores, expertos en las materias que abordan, en la mayoría de los casos docentes de dichas especialidades con dilatada experiencia profesional y académica, porque buscamos perfiles familiarizados con los contextos laborales concretos a los que se refieren nuestros manuales.

Confiamos en poder serte de ayuda y esperamos tus impresiones acerca de nuestro trabajo. Sean positivas o negativas, serán muy bien recibidas y, sin duda, nos ayudarán a seguir mejorando y trabajando con ilusión para continuar siendo un referente en formación para el empleo.

Agradecemos tu confianza en nuestros manuales. Todo nuestro equipo queda a tu total disposición. Puedes contactar con nosotros en esta dirección de correo electrónico: info@paraninfo.es.

Introducción a la obra

El desarrollo de habilidades personales y sociales de las personas con discapacidad es una condición indispensable para conseguir una integración de este colectivo lo más normalizada posible en la sociedad.

Para alcanzar la inserción sociolaboral de las personas con discapacidad es necesario determinar las habilidades básicas de autonomía personal y realizar las intervenciones necesarias para favorecer la adquisición y promoción estas habilidades relacionadas con actividades de la vida diaria (AVD), movilidad urbana y desplazamientos, acceso y participación en los recursos de la comunidad, gestión del dinero y resolución de problemas cotidianos.

Por otro lado, para lograr la inclusión de las personas con discapacidad es fundamental desarrollar y potenciar las habilidades sociales que favorezcan la comunicación interpersonal, la toma de decisiones y la expresión y comprensión de emociones.

1. Desarrollo de las habilidades de autonomía personal en personas con discapacidad

Contenido

El entrenamiento en habilidades sociolaborales de las personas con discapacidad es un aspecto básico en la inserción de este colectivo, ya que estas habilidades son una condición indispensable para conseguir una integración lo más normalizada posible en la sociedad. El entrenamiento en habilidades sociolaborales se basa en realizar intervenciones que promuevan la adquisición y desarrollo de habilidades como:

- Habilidades de autonomía personal.

- Habilidades sociales.

- Habilidades de comunicación.

- Habilidades laborales.

El entrenamiento de habilidades sociolaborales debe comenzar por desarrollar la autonomía personal, ya que esta supone la base sobre la que se asientan otras capacidades.

En España, la Ley 39/2006, de 14 de diciembre, de Promoción de la Autonomía Personal y Atención a las personas en situación de dependencia, tiene como objeto regular las condiciones básicas que garanticen la igualdad en el ejercicio del derecho a la promoción de la autonomía personal y atención a las personas en situación de dependencia, mediante la creación de un Sistema para la Autonomía y Atención a la Dependencia.

Esta normativa señala en su artículo 13 que la atención a las personas en situación de dependencia y la promoción de su autonomía personal deberán orientarse a la consecución de una mejor calidad de vida y autonomía personal, en un marco de efectiva igualdad de oportunidades, de acuerdo con los siguientes objetivos:

a) Facilitar una existencia autónoma en su medio habitual, todo el tiempo que desee y sea posible.

b) Proporcionar un trato digno en todos los ámbitos de su vida personal, familiar y social, facilitando su incorporación activa en la vida de la comunidad.

1.1. Habilidades de autonomía personal. Definición y características

En la Ley 39/2006, se define la autonomía personal como «la capacidad de controlar, afrontar y tomar, por propia iniciativa, decisiones personales acerca de cómo vivir de acuerdo con las normas y preferencias propias así como de desarrollar las actividades básicas de la vida diaria».

Sigafoos, Feinstein, Damond y Reiss (1988) distinguen cuatro categorías dentro de la autonomía personal:

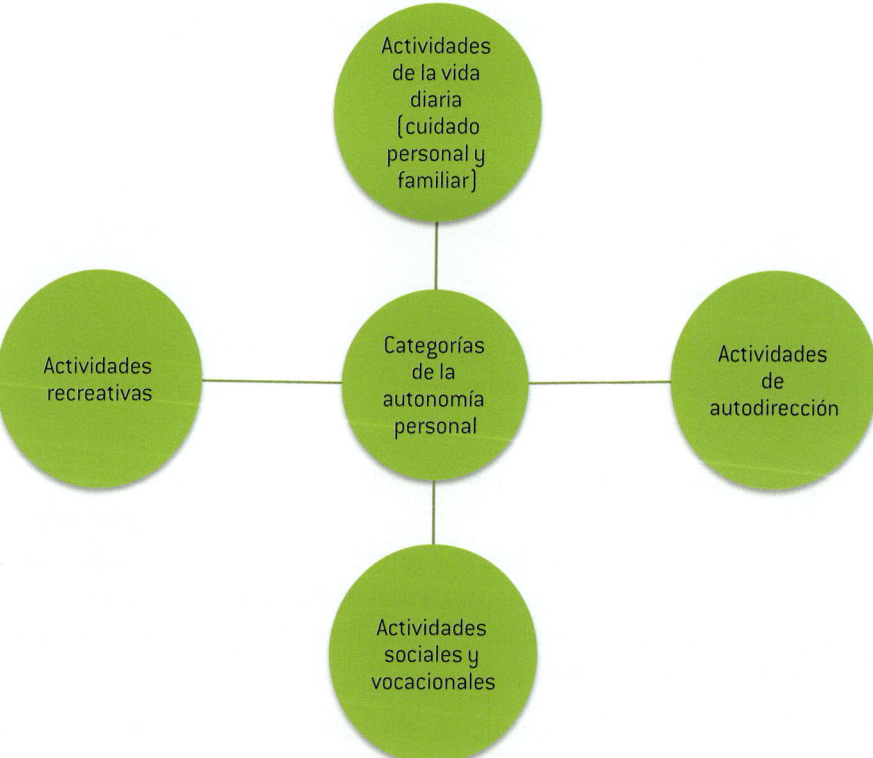

– Actividades de la vida diaria o de cuidado personal y familiar:

  • Rutinas de cuidado personal:

    ▪ Aseo.

    ▪ Vestido.

    ▪ Alimentación.

    ▪ Etcétera.

- Funciones orientadas a la familia:
  - Cuidado de la casa y de las posesiones.
  - Hacer la compra.
  - Hacer pequeñas reparaciones.
  - Preparar la comida.
  - Etcétera.
- Actividades de autodirección: hacen referencia al grado en el que la persona se maneja de forma independiente en sus interacciones con el ambiente:
  - Uso de recursos de la comunidad.
  - Cumplimiento de obligaciones y responsabilidades personales.
- Actividades recreativas: se refieren al grado en el que la persona se basa en sus propias preferencias e intereses a la hora de involucrarse en actividades recreativas o de ocio.
- Actividades sociales y vocacionales: hacen referencia al grado en el que los intereses y preferencias personales se aplican a las interacciones sociales y a las actividades vocacionales.

Una persona realiza conductas autónomas cuando actúa basándose en sus propios intereses, capacidades y preferencias personales, con independencia de influencias externas no deseadas. La autonomía personal no implica que la persona con discapacidad tenga que realizar todas las actividades en solitario o sin ayuda externa, sino que pueda obtener el apoyo y la asistencia necesaria cuando y como lo necesite.

1.2. Calidad de vida. Modelos e indicadores

La promoción de la autonomía personal debe orientarse a conseguir una mejor calidad de vida para las personas con discapacidad.

La Organización Mundial de la Salud (OMS), durante el Foro Mundial de la Salud en Ginebra (1966), definió el concepto de calidad de vida como: «la percepción del individuo sobre su posición en la vida dentro del contexto cultural y sistema de valores en que vive y con respecto a sus objetivos, expectativas, estándares e intereses».

Para evaluar la calidad de vida, la OMS diseñó la escala de calidad de vida WHOQOL-BREF (*The World Health Organization Quality of Life: WHOQOL-BREF*), que valora la calidad de vida de las personas, teniendo en cuenta la percepción del sujeto en sus dimensiones física, psicológica, social y ambiental de manera integral.

Las personas evaluadas deben puntuar una serie de indicadores referentes a su calidad de vida siguiendo una escala de Likert (puntuaciones de 1-Muy malo/a a 5-Muy bueno/a). Los 26 ítems evaluados en dicha escala son:

ESCALA DE CALIDAD DE VIDA WHOQOL-BREF					
	1	2	3	4	5
1. ¿Cómo calificaría su calidad de vida?					
2. ¿Cómo de satisfecho/a está con su salud?					
3. ¿Hasta qué punto piensa que el dolor (físico) le impide hacer lo que necesita?					
4. ¿En qué grado necesita de un tratamiento médico para funcionar en su vida diaria?					
5. ¿Cuánto disfruta de la vida?					
6. ¿Hasta qué punto siente que su vida tiene sentido?					
7. ¿Cuál es su capacidad de concentración?					
8. ¿Cuánta seguridad siente en su vida diaria?					
9. ¿Cómo de saludable es el ambiente físico a su alrededor?					
10. ¿Tiene energía suficiente para la vida diaria?					
11. ¿Es capaz de aceptar su apariencia física?					
12. ¿Tiene suficiente dinero para cubrir sus necesidades?					
13. ¿Dispone de la información que necesita para su vida diaria?					
14. ¿Hasta qué punto tiene oportunidad de realizar actividades de ocio?					
15. ¿Es capaz de desplazarse de un lugar a otro?					
16. ¿Cómo de satisfecho/a está con su sueño?					
17. ¿Cómo de satisfecho/a está con su habilidad para realizar sus actividades de la vida diaria?					
18. ¿Cómo de satisfecho/a está con su capacidad de trabajo?					

Continúa en la página siguiente

19. ¿Cómo de satisfecho/a está de sí mismo?					
20. ¿Cómo de satisfecho/a está con sus relaciones personales?					
21. ¿Cómo de satisfecho/a está con su vida sexual?					
22. ¿Cómo de satisfecho/a está con el apoyo que obtiene de sus amigos/as?					
23. ¿Cómo de satisfecho/a está de las condiciones del lugar donde vive?					
24. ¿Cómo de satisfecho/a está con el acceso que tiene a los servicios sanitarios?					
25. ¿Cómo de satisfecho/a está con los servicios de transporte de su zona?					
26. ¿Con qué frecuencia tiene sentimientos negativos, tales como tristeza, desesperanza, ansiedad o depresión?					

Las tres dimensiones que componen la calidad de vida y que actúan de manera interrelacionada son:

- Dimensión física: percepción del estado físico o la salud, entendido como ausencia de enfermedad, los síntomas producidos por la enfermedad y los efectos adversos del tratamiento.

- Dimensión psicológica: percepción del individuo de su estado cognitivo y afectivo. Incluye las creencias personales, espirituales y religiosas como el significado de la vida y la actitud ante el sufrimiento.

- Dimensión social: percepción del individuo de las relaciones interpersonales y los roles sociales en la vida como la necesidad de apoyo familiar y social, la relación médico-paciente y el desempeño laboral.

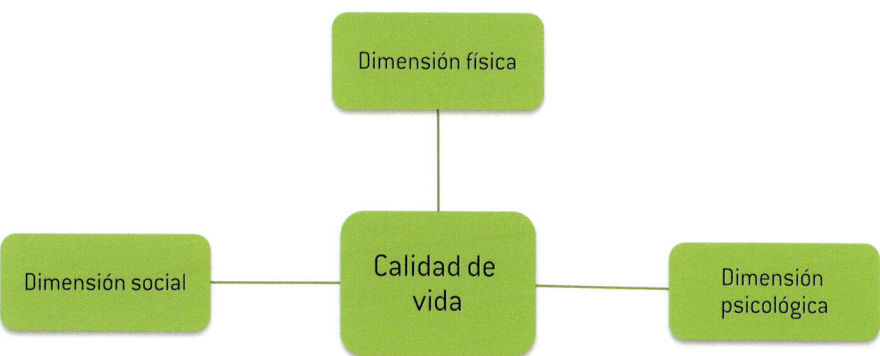

1.2.1. Modelos de la calidad de vida

Para comprender el concepto de calidad de vida existen diferentes modelos explicativos. Los modelos operativos pretenden explicar el concepto de la calidad de vida mediante la identificación de sus componentes o factores centrales (dimensiones de calidad de vida).

El modelo propuesto por Schalock y Verdugo (2002/2003, 2007, 2008) es el que cuenta actualmente con mayor aceptación. Estos autores definen la calidad de vida individual como un estado deseado de bienestar personal que:

- Es multidimensional.

- Tiene propiedades universales y ligadas a la cultura.

- Tiene componentes objetivos y subjetivos.

- Está influenciado por características personales y factores ambientales.

La calidad de vida se concreta a través de las dimensiones e indicadores de calidad. Las dimensiones básicas de calidad de vida propuestas en el modelo de Schalock y Verdugo, así como algunas técnicas para mejorarlas son:

Dimensión de la calidad de vida	Técnicas y apoyos individualizados
Autodeterminación	– Apoyo en el establecimiento de metas personales. – Fomento de la toma de decisiones y elecciones. – Mejora del control personal.
Desarrollo personal	– Entrenamiento en habilidades funcionales y comportamiento adaptativo. – Tecnología asistiva y aumentativa. – Sistemas de comunicación.
Bienestar físico	– Garantizar la atención médica. – Entrenamiento en habilidades de autocuidado y promoción de la salud. – Favorecer la movilidad. – Promover la realización de ejercicio físico, la nutrición adecuada y los estilos de vida saludables.
Bienestar emocional	– Favorecer la seguridad mediante ambientes estables, *feedback* positivo, previsibilidad, mecanismos de autoidentificación (espejos, etiquetas con nombres...).

Continúa en la página siguiente

Bienestar material	– Ayudar a gestionar la propiedad y las posesiones. – Entrenamiento para la gestión y manejo del dinero. – Entrenamiento en habilidades laborales, acceso al mercado laboral y mantenimiento del empleo.
Relaciones interpersonales	– Fomento de amistades. – Protección de la intimidad. – Apoyo a las familias y relaciones/interacciones comunitarias.
Inclusión social	– Definir roles comunitarios y promover oportunidades para la integración y participación en la comunidad. – Impulsar actividades comunitarias y voluntariado. – Búsqueda de apoyos sociales. – Fomentar ambientes normalizados e integrados.
Defensa de los derechos	– Garantizar la privacidad, el respeto y la dignidad. – Apoyo para el cumplimiento de las responsabilidades cívicas.

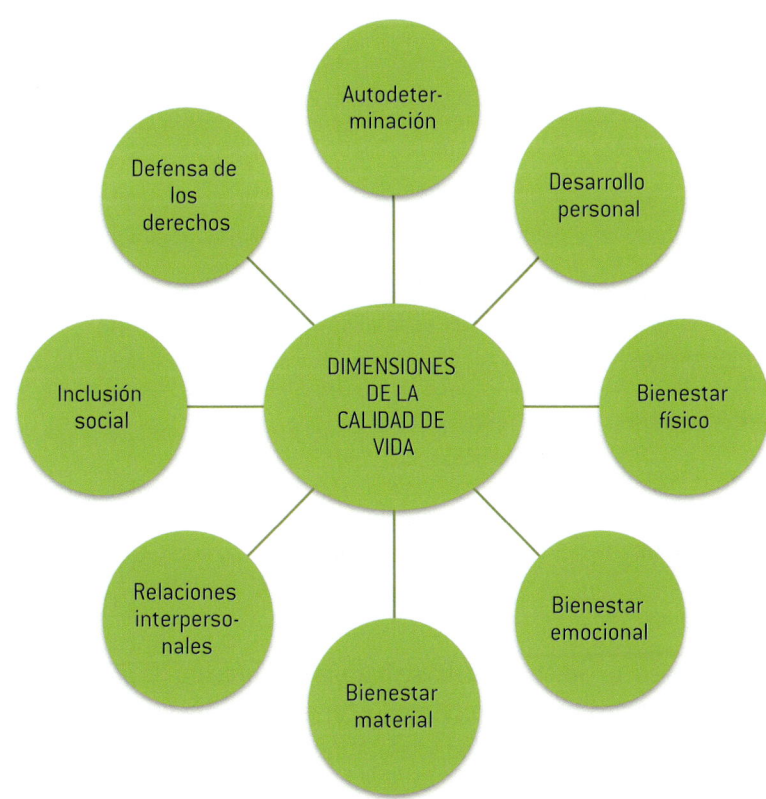

1.2.2. Indicadores de la calidad de vida

Los 25 indicadores de la calidad de vida propuestos por Schalock y Verdugo (2002/2003) son:

Dimensión de la calidad de vida	Indicadores
Autodeterminación	– Autonomía. – Decisiones. – Elecciones. – Metas y preferencias personales.
Desarrollo personal	– Trabajo. – Educación. – Actividades de la vida diaria.
Bienestar físico	– Salud general. – Salud (consecuencias). – Atención sanitaria. – Sueño.
Bienestar emocional	– Ausencia de sentimientos negativos y estrés. – Autoconcepto. – Satisfacción con la vida.
Bienestar material	– Ingresos. – Posesiones. – Condiciones de la vivienda. – Condiciones del lugar de trabajo.
Relaciones interpersonales	– Relaciones familiares. – Relaciones sociales.
Inclusión social	– Integración. – Participación. – Apoyos.
Defensa de los derechos	– Derechos humanos. – Derechos legales.

Estos indicadores sirvieron como base para la elaboración de la Escala Integral de la Calidad de Vida. Este instrumento fue diseñado para evaluar la calidad de vida de personas con discapacidad intelectual, teniendo en cuenta aspectos objetivos y subjetivos.

1.3. Autonomía personal y personas con discapacidad

La conducta autodeterminada fue definida por Wehmeyer (1996) como aquella relacionada con las «actitudes y capacidades necesarias para actuar como agente causal primario de la propia vida, realizar elecciones y adoptar decisiones sobre la propia calidad de vida libre de influencias o interferencias externas inapropiadas».

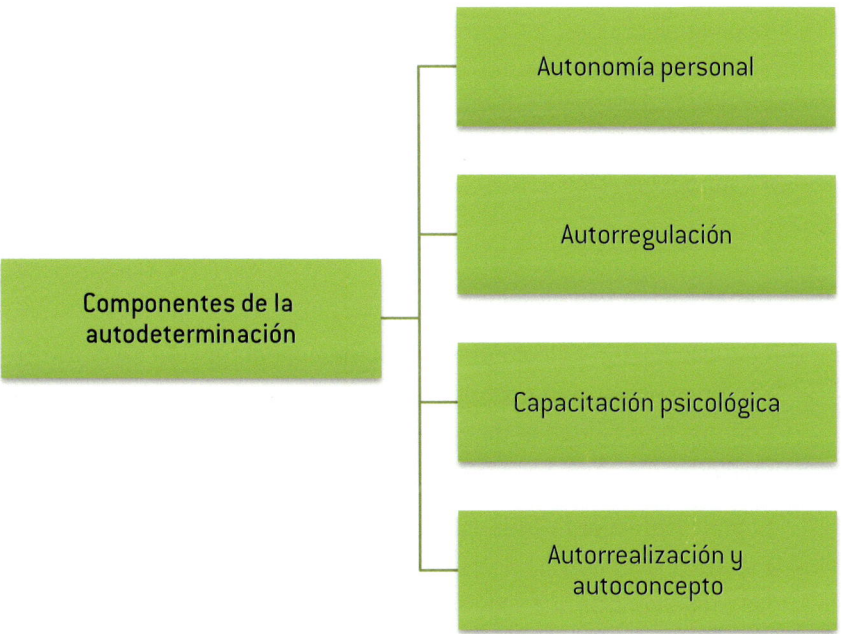

Las conductas autodeterminadas se caracterizan por:

– **Autonomía personal**

La autonomía personal es considerada como la capacidad para desarrollar una vida lo más satisfactoria e independiente posible, en entornos normalizados.

Según Lewis y Taymans (1992), la autonomía personal implica:

• Separación emocional de los padres.

• Desarrollo de un sentido de control emocional sobre la propia vida.

• Establecimiento de un sistema de valores personal.

• Capacidad para realizar tareas necesarias en el mundo adulto.

- **Autorregulación**

  La autorregulación se define como el «sistema de respuestas que capacita a los individuos para examinar sus entornos y sus repertorios de respuesta para enfrentarse a ellos y para tomar decisiones sobre cómo actuar y cómo evaluar los resultados obtenidos, y revisar sus planes cuando sea necesario» (Witman, 1990).

  Algunas personas con discapacidad presentan deficiencias a la hora de realizar elecciones, así como en la supervisión y evaluación de su propio comportamiento. La autorregulación incluye:

  - Automonitorización (observación del entorno y autobservación).

  - Autoevaluación.

  - Autorrefuerzo.

- **Capacitación psicológica**

  La capacitación psicológica se refiere a la percepción de control personal (creencias, percepciones y actitudes de las personas en relación con sus posibilidades de ejercer control sobre diferentes aspectos de sus vidas).

  Según Wehmeyer (1996), las personas que actúan de forma «psicológicamente capacitada» lo hacen «desde la creencia de que tienen control sobre las circunstancias que son importantes para ellas (locus de control interno), poseen las habilidades para alcanzar los logros deseados (autoeficacia) y, si deciden aplicar sus habilidades, los logros identificados se conseguirán (expectativa de resultado)».

- **Autorrealización y autoconcepto**

  El autoconcepto es considerado como el conocimiento de uno mismo y de sus capacidades y limitaciones. Las personas con discapacidad, especialmente en el caso de las discapacidades intelectuales, presentan dificultades para elaborar un adecuado autoconcepto, por lo que es necesario ayudarles a distinguir cuáles son sus capacidades y puntos fuertes, qué apoyos necesitan y cómo acomodarse a sus limitaciones.

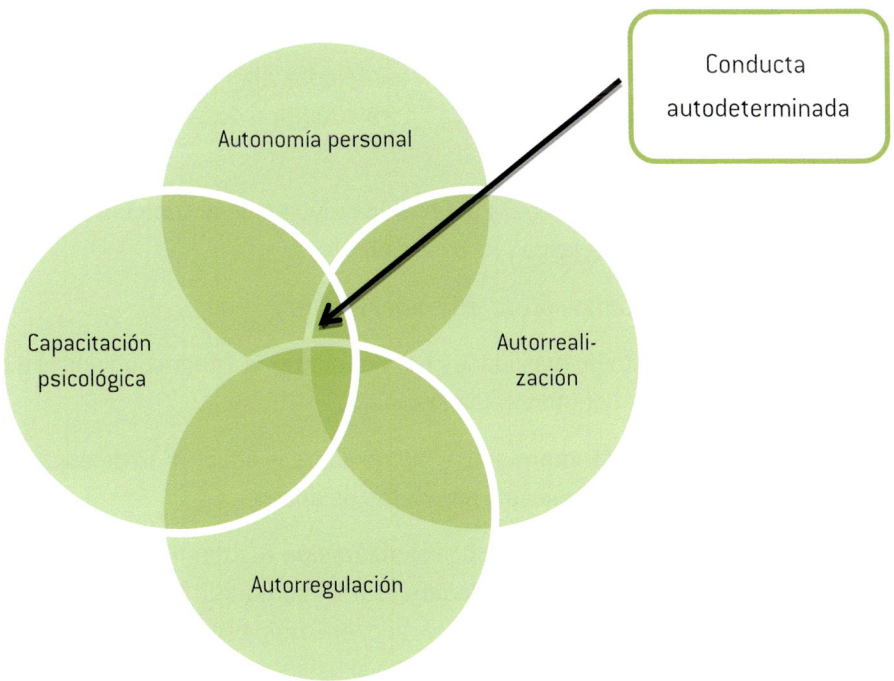

Conducta autodeterminada

Autonomía personal

Capacitación psicológica

Autorreali- zación

Autorregulación

Muchas personas con discapacidad presentan deficiencias en las habilidades de independencia que permiten la autonomía personal necesaria para actuar de manera autosuficiente.

Para fomentar la autonomía personal en las personas con discapacidad es necesario realizar intervenciones encaminadas al desarrollo de las habilidades que les permitan actuar de manera autodeterminada, convirtiéndose en agentes causales de sus vidas. En las discapacidades severas, el proceso de adquisición de estas habilidades será más complejo pero, aun así, pueden entrenarse para alcanzar un cierto grado de autodeterminación.

Para el desarrollo de habilidades de autonomía personal en las personas con discapacidad se deben proponer programas de entrenamiento orientados a prepararlos para vivir de la manera más autosuficiente posible (ya sea con sus familias o en otros entornos, con diferentes grados de apoyo), desarrollando capacidades de autocuidado y participando activamente en las actividades cotidianas.

1.4. Características diferenciales de los distintos colectivos

Los diversos tipos de discapacidad llevan aparejados diferencias en los niveles de autonomía personal y en la capacidad para adquirir y desarrollar estas habilidades.

Gran parte de las actuaciones para mejorar los niveles de autonomía personal en las personas con discapacidad se basan en:

- Programas de promoción de vida independiente:

  - Entrenamiento de habilidades para fomentar la integración social y la promoción de la autonomía personal.

  - Información, asesoramiento y apoyo sobre la adaptación de espacios físicos, ayudas técnicas y productos de apoyo.

- Programas de rehabilitación. La rehabilitación fue definida en la Asamblea General de las Naciones Unidas (1982) como «un proceso de duración limitada y con un objetivo definido, encaminado a permitir que una persona con deficiencias alcance un nivel físico, mental y/o social funcional óptimo, proporcionándole así los medios de modificar su propia vida. Puede comprender medidas encaminadas a compensar la pérdida de una función o una limitación funcional (por ejemplo, ayudas técnicas) y otras medidas encaminadas a facilitar ajustes o reajustes sociales».

1.4.1. Discapacidades físicas

Las discapacidades físicas se deben a deficiencias de tipo motor y/o visceral. Estas deficiencias pueden ser muy diversas (relacionadas con distintas estructuras del cuerpo humano) y afectando en diferentes grados.

Para valorar el grado de autonomía de las personas con discapacidad física pueden utilizarse diferentes instrumentos, como:

- Escala de Barthel: permite valorar la autonomía de la persona para realizar las actividades básicas de la vida diaria como comer, lavarse, vestirse, trasladarse y desplazarse, subir y bajar escaleras, etcétera. Es un cuestionario que puede realizarse de manera autoadministrada, por observación directa, preguntando a la persona o a su cuidador.

- Índice de Katz: se trata de un cuestionario heteroadministrado que valora si la persona es dependiente o independiente en seis dimensiones (aseo, vestido, uso del baño, movilidad, continencia y alimentación).

ÍNDICE DE BARTHEL - ACTIVIDADES BÁSICAS DE LA VIDA DIARIA		
Comer	Totalmente independiente.	10
	Necesita ayuda para cortar carne, el pan...	5
	Dependiente.	0
Lavarse	Independiente: entra y sale solo del baño.	5
	Dependiente.	0
Vestirse	Independiente: capaz de ponerse y de quitarse la ropa, abotonarse, atarse los zapatos...	10
	Necesita ayuda.	5
	Dependiente.	0
Arreglarse	Independiente para lavarse la cara, las manos, peinarse, afeitarse, maquillarse...	5
	Dependiente.	0
Deposiciones	Continencia normal.	10
	Ocasionalmente, algún episodio de incontinencia o necesita ayuda para administrarse supositorios o lavativas.	5
	Incontinencia.	0
Micción	Continencia normal o es capaz de cuidarse de la sonda si tiene una puesta.	10
	Un episodio diario como máximo de incontinencia o necesita ayuda para cuidar de la sonda.	5
	Incontinencia.	0
Usar el retrete	Independiente para ir al cuarto de aseo, quitarse y ponerse la ropa...	10
	Necesita ayuda para ir al retrete, pero se limpia solo.	5
	Dependiente.	0
Trasladarse	Independiente para ir del sillón a la cama.	15
	Mínima ayuda física o supervisión para hacerlo.	10
	Necesita gran ayuda, pero es capaz de mantenerse sentado solo.	5
	Dependiente.	0

Continúa en la página siguiente

Deambular	Independiente, camina solo 50 metros.	15
	Necesita ayuda física o supervisión para caminar 50 metros.	10
	Independiente en silla de ruedas sin ayuda.	5
	Dependiente.	0
Subir y bajar escaleras y escalones	Independiente para bajar y subir escaleras.	10
	Necesita ayuda física o supervisión para hacerlo.	5
	Dependiente.	0

Total
Máxima puntuación: 100 puntos (90 si va en silla de ruedas)

Resultado grado de dependencia				
< 20 Total	20-35 Grave	40-55 Moderado	≥ 60 Leve	100 Independiente

ÍNDICE DE KATZ: VALORACIÓN DE LAS ACTIVIDADES DE LA VIDA DIARIA	
1. Baño	Independiente. Se baña solo o necesita ayuda solo para lavar una zona (como la espalda o una extremidad con minusvalía).
	Dependiente. Necesita ayuda para lavar más de una zona del cuerpo, ayuda para salir o entrar en la bañera o no se baña solo.
2. Vestido	Independiente. Coge la ropa de cajones y armarios, se la pone y puede abrocharse. Se excluye el acto de atarse los zapatos.
	Dependiente. No se viste por sí mismo o permanece parcialmente desvestido.
3. Uso del WC	Independiente. Va al WC solo, se arregla la ropa y se asea los órganos excretores.
	Dependiente. Precisa ayuda para ir al WC.
4. Movilidad	Independiente. Se levanta y acuesta en la cama por sí mismo y puede sentarse y levantarse de una silla por sí mismo.
	Dependiente. Necesita ayuda para levantarse y acostarse en la cama y/o silla, no realiza uno o más desplazamientos.

Continúa en la página siguiente

5. Continencia	Independiente. Control completo de micción y defecación.
	Dependiente. Incontinencia parcial o total de la micción o defecación.
6. Alimentación	Independiente. Lleva el alimento a la boca desde el plato o equivalente. Se excluye cortar la carne.
	Dependiente. Necesita ayuda para comer, no come en absoluto o requiere alimentación parenteral.

Para aumentar los niveles de autonomía personal de las personas con discapacidad física existen programas de rehabilitación y acciones destinadas al uso de dispositivos y tecnologías de apoyo (sillas de ruedas, prótesis, ayudas para la movilidad, etcétera).

1.4.2. Discapacidades sensoriales

Las discapacidades sensoriales son aquellas originadas por deficiencias en los sentidos, principalmente:

- Deficiencias auditivas: carencia, disminución o deficiencia de la capacidad auditiva, ya sea total o parcial.

- Deficiencias visuales: pérdida, total o parcial, del sentido de la vista.

Al igual que en el caso de las discapacidades físicas, las discapacidades sensoriales presentan diferentes grados que implican distintos niveles de autonomía personal.

El desarrollo sensorial y la adquisición de las destrezas kinestésicas (de movimiento) y de orientación, son fundamentales para que una persona con discapacidad sensorial compense sus limitaciones a la hora recoger la información del entorno a través de los sentidos. De esta manera, podrá aumentar su autonomía personal y su capacidad para desenvolverse con eficacia en los desplazamientos y en la realización de las tareas cotidianas.

Para aumentar los niveles de autonomía personal de las personas con discapacidad sensorial, además del uso de dispositivos y tecnologías de apoyo (dispositivos de ayuda visual y auditiva), existen programas de rehabilitación para mejorar la orientación, movilidad y actividades cotidianas, así como entrenamientos para el desarrollo de la percepción sensorial y para la optimización de la baja visión o hipoacusia.

Para las personas con discapacidad visual, también existen entrenamientos de habilidades perceptivas como:

- Habilidades de eficacia visual (fijación, seguimiento, cambio de mirada y enfoque).

- Habilidades de campo visual (localización y exploración).

- Habilidades de análisis y procesamiento de la información visual (discriminación, distinción figura-fondo, constancia de la forma, cierre visual, memoria visual, coordinación óculo-manual...).

1.4.3. Otras discapacidades: enfermedad mental, trastorno del espectro del autismo, discapacidad intelectual

Otros tipos de discapacidad que también llevan aparejados déficits en los niveles de autonomía personal son:

Enfermedad o trastorno mental

El trastorno mental consiste en la alteración de los procesos cognitivos y afectivos, traduciéndose en trastornos del comportamiento, del razonamiento, de la adaptación a las condiciones de vida y de la comprensión de la realidad.

El déficit en las áreas de funcionamiento relacionadas con las actividades de la vida diaria es común en las personas que padecen trastorno mental grave y de larga evolución. La mayoría de estas personas padecen deficiencias en las áreas relacionadas con:

- Aseo e higiene personal.

- Autocuidado.

- Hábitos saludables.

- Manejo del entorno social y doméstico.

Discapacidad intelectual

Según la AAIDD —Asociación Americana sobre Discapacidades Intelectuales y del Desarrollo (anteriormente denominada Asociación sobre Retraso Mental, AAMR)—, la discapacidad intelectual se caracteriza por «limitaciones significativas en el funcionamiento intelectual y en la conducta adaptativa, expresada en habilidades conceptuales, sociales y prácticas. La discapacidad intelectual se origina antes de los 18 años».

Las discapacidades intelectuales y, por tanto, los niveles de autonomía personal, presentan diferentes grados, clasificándose en discapacidad cognitiva leve, moderada, grave o profunda.

La discapacidad intelectual se caracteriza por:

- Funcionamiento intelectual significativamente inferior a la media.

- Limitaciones asociadas en dos o más de las siguientes áreas de habilidades adaptativas: comunicación, cuidado personal, vida en el hogar, habilidades sociales, utilización de la comunidad, autogobierno, salud y seguridad, habilidades académicas funcionales, ocio y trabajo. Estas deficiencias están relacionadas con el nivel de autonomía de las personas con discapacidad intelectual y, por tanto, deben realizarse intervenciones encaminadas a desarrollar las habilidades de autonomía personal necesarias.

Para valorar el grado de autonomía personal de las personas con discapacidad intelectual, pueden utilizarse instrumentos de evaluación como el Índice de Lawton y Brody. Esta escala, que permite valorar la capacidad de la persona para realizar las actividades instrumentales de la vida diaria de manera independiente en su comunidad, evalúa la capacidad para usar el teléfono, hacer compras, preparar la comida, cuidar de la casa, lavar la ropa, usar medios de transporte, tomar adecuadamente los medicamentos, gestión del dinero y los asuntos económicos.

ÍNDICE PARA ACTIVIDADES INSTRUMENTALES DE LA VIDA DIARIA DE LAWTON Y BRODY
CAPACIDAD PARA USAR EL TELÉFONO
Utiliza el teléfono por iniciativa propia.
Es capaz de marcar bien algunos números familiares.
Es capaz de contestar al teléfono, pero no de marcar.
No es capaz de usar el teléfono.
HACER COMPRAS
Realiza independientemente todas las compras necesarias.
Realiza independientemente pequeñas compras.
Necesita ir acompañado para hacer cualquier compra.
Totalmente incapaz de comprar.

Continúa en la página siguiente

PREPARACIÓN DE LA COMIDA

Organiza, prepara y sirve las comidas por sí solo adecuadamente.

Prepara adecuadamente las comidas si se le proporcionan los ingredientes.

Prepara, calienta y sirve las comidas, pero no sigue una dieta adecuada.

Necesita que le preparen y sirvan las comidas.

CUIDADO DE LA CASA

Mantiene la casa solo o con ayuda ocasional para trabajos pesados.

Realiza tareas ligeras, como lavar los platos o hacer las camas.

Realiza tareas ligeras, pero no puede mantener un adecuado nivel de limpieza.

Necesita ayuda en todas las labores de la casa.

No participa en ninguna labor de la casa.

LAVADO DE LA ROPA

Lava por sí solo toda su ropa.

Lava por sí solo pequeñas prendas.

Todo el lavado de ropa debe ser realizado por otra persona.

USO DE MEDIOS DE TRANSPORTE

Viaja solo en transporte público o conduce su propio coche.

Es capaz de coger un taxi, pero no usa otro medio de transporte.

Viaja en transporte público cuando va acompañado por otra persona.

Solo utiliza el taxi o el automóvil con ayuda de otros.

No viaja.

RESPONSABILIDAD RESPECTO A SU MEDICACIÓN

Es capaz de tomar su medicación a la hora y con la dosis correcta.

Toma su medicación si la dosis le es preparada previamente.

No es capaz de administrarse su medicación.

MANEJO DE SUS ASUNTOS ECONÓMICOS

Se encarga de sus asuntos económicos por sí solo.

Realiza las compras de cada día, pero necesita ayuda en las grandes compras, bancos...

Incapaz de manejar dinero.

Los programas de autonomía personal destinados a personas con discapacidad intelectual persiguen, de manera general, los siguientes objetivos:

- Inclusión social a partir de la adquisición de habilidades de autonomía personal (actividades básicas e instrumentales de la vida diaria).

- Desenvolvimiento y, en algunos casos, independencia en la casa, en el entorno habitual y en otros ámbitos más amplios.

- Modificación de patrones de conducta inadecuados que dificultan la interacción social normalizada.

- En los casos en los que sea posible, fomento de la autodeterminación y la toma de decisiones.

La Asociación Americana sobre Discapacidades Intelectuales y del Desarrollo propone un modelo de apoyos para fomentar la autonomía personal. La AADID define apoyo como «los recursos y estrategias que persiguen promover el desarrollo, educación, intereses y bienestar personal de una persona y que mejoran el funcionamiento individual».

Este modelo de apoyos se estructura en cuatro fases:

1. Identificar las áreas relevantes que necesitan apoyo.

2. Identificar, para cada área, las actividades relevantes.

3. Evaluar el nivel o intensidad de las necesidades de apoyo.

4. Redactar el plan individualizado de apoyos.

Trastorno del espectro del autismo

El trastorno del espectro del autismo (TEA) es una condición del neurodesarrollo que afecta a la configuración del sistema nervioso y al funcionamiento cerebral y se caracterizan por:

- Déficits persistentes en comunicación social e interacción social a lo largo de múltiples contextos, según se manifiestan en los siguientes síntomas:

  • Déficits en reciprocidad socioemocional.

  • Déficits en conductas comunicativas no verbales usadas en la interacción social.

  • Déficits para desarrollar, mantener y comprender relaciones.

- Patrones repetitivos y restringidos de conductas, actividades e intereses, que se manifiestan en:

  - Movimientos motores, uso de objetos o habla estereotipados o repetitivos.

  - Insistencia en la igualdad, adherencia inflexible a rutinas o patrones de comportamiento verbal y no verbal ritualizado.

  - Intereses altamente restringidos, obsesivos, que son anormales por su intensidad o su foco.

  - Híperreactividad o hiporreactividad sensorial, o interés inusual en aspectos sensoriales del entorno.

Aunque compartan diagnóstico, cada persona autista es diferente y tiene sus propias capacidades, necesidades e intereses, requiriendo distintos niveles de apoyos o soporte. Esto implica que, en mayor o menor medida, la capacidad para realizar actividades de la vida diaria (aseo, alimentación, vestido, organización de tareas diarias, etcétera) se encuentra limitada en las personas con autismo.

Con el objetivo de dotar a estas personas de independencia y fomentar su integración, es necesario facilitar la adquisición y desarrollo de habilidades de autonomía personal a través de técnicas sencillas adaptadas a sus características, como apoyos visuales.

Los apoyos visuales (como pictogramas o historias sociales) proporcionan a las personas con autismo una ayuda para organizar la información y crear un entorno estable (la información permanece visible y facilita la predictibilidad), aumentando las probabilidades de lograr cierta autonomía personal.

1.5. Autonomía personal y ámbitos de actuación

La promoción de la autonomía personal de las personas con discapacidad debe realizarse teniendo en cuenta los diferentes escenarios y ámbitos de actuación. Principalmente, las áreas en las que se realizan entrenamientos en habilidades de autonomía son:

- Actividades de la vida diaria (AVD).

- Movilidad urbana y desplazamientos.

- Acceso y participación en los recursos de la comunidad.

- Gestión y manejo del dinero.

- Resolución de problemas cotidianos.

El objetivo de los programas de intervención debe ser mejorar la calidad de vida de las personas a quienes se dirigen, favoreciendo que la persona con discapacidad alcance la mayor autonomía personal posible.

1.5.1. Proyectos de vida independiente

Los proyectos de vida independiente (PVI) pretenden ofrecer las oportunidades y apoyos necesarios para favorecer el desarrollo de habilidades sociolaborales, de autonomía personal, de autorregulación y de autodeterminación de las personas con discapacidad. Los PVI se basan en los nuevos enfoques sobre la discapacidad, que fomentan una imagen de las personas con discapacidad normalizada y centrada en sus capacidades y competencias (más que en sus limitaciones).

El objetivo final de estos proyectos es alcanzar la plena normalización en diferentes contextos (social, laboral, familiar, vivienda, formación, ocio, etcétera). Para ello, se programan tres tipos de acciones:

- Acciones dirigidas al desarrollo integral de las personas con discapacidad en relación con la calidad de vida, comunicación, habilidades sociales, autonomía personal, autodeterminación, habilidades sociolaborales, etcétera.

- Orientación, asesoramiento y formación de las familias y de los profesionales relacionados con este colectivo.

- Acciones de información, sensibilización, apoyo y asesoramiento dirigidas a los diferentes entornos y contextos comunitarios (educativos, laborales, sociales...).

Los proyectos de vida independiente son itinerarios personalizados que deben incluir acciones dirigidas a fomentar:

- Autodeterminación.

- Participación laboral.

- Participación comunitaria.

- Formación permanente.

- Vivienda independiente.

1.5.2. Actividades de la vida diaria (AVD)

En la Ley 39/2006, se definen las actividades básicas de la vida diaria (ABVD) como «las tareas más elementales de la persona, que le permiten desenvolverse con un mínimo de autonomía e independencia, tales como: el cuidado personal, las actividades domésticas básicas, la movilidad esencial, reconocer personas y objetos, orientarse, entender y ejecutar órdenes o tareas sencillas».

Según la segunda edición del *Marco de trabajo para la práctica de terapia ocupacional* (*Occupational therapy practice framework: domain and process, 2008*), las actividades de la vida diaria (AVD) y las actividades instrumentales de la vida diaria (AIVD) son:

– **Actividades de la vida diaria (AVD)**

Son las actividades que están orientadas al cuidado del propio cuerpo. Se refieren a las actividades básicas de la vida diaria (ABVD) y a las actividades personales de la vida diaria (APVD). Las principales actividades de la vida diaria son:

- Bañarse/ducharse: obtener y utilizar suministros, enjabonarse, enjuagarse, secarse las partes del cuerpo, mantener la posición en el baño, trasladarse desde y hacia la bañera.

- Cuidado del intestino y la vejiga: incluye el control completo intencional de los movimientos del intestino y de la vejiga urinaria y, de ser necesario, utilizar equipos o agentes de control de la vejiga.

- Vestirse: seleccionar las prendas de vestir y los accesorios adecuados a la hora del día, el tiempo y la ocasión, obtener prendas de vestir del lugar de almacenamiento, vestirse y desvestirse en secuencia, amarrarse y ajustarse la ropa y los zapatos, aplicar y quitar los dispositivos personales, como prótesis.

- Comer: capacidad para manipular y mantener los alimentos o líquidos en la boca y tragarlos.

- Alimentación: proceso de preparar, organizar y llevar el alimento del plato o vaso a la boca.

- Movilidad funcional: moverse de una posición o lugar a otro (durante la ejecución de actividades cotidianas), tales como moverse en la cama, moverse en silla de ruedas, ambulación funcional y transporte de objetos.

- Cuidado de los dispositivos de atención personal: usar, limpiar y mantener artículos de cuidado personal, tales como aparatos auditivos, lentes de contacto, prótesis, equipos de ayuda técnica, etcétera.

- Higiene y arreglo personal: obtener y utilizar suministros, eliminar el vello corporal, aplicar cosméticos, cuidar el cabello (lavar, secar, peinar, cepillar...), cuidar las uñas de manos y pies, cuidar la piel y oídos, aplicar desodorante, lavar los dientes, etcétera.

- Actividad sexual: participar en actividades que busquen la satisfacción sexual.

- Aseo e higiene en el inodoro: obtener y utilizar suministros, manejo de la ropa, mantener la posición en el inodoro, transferencia hasta el inodoro, limpieza, cuidado de las necesidades de continencia y menstruación, etcétera.

– Actividades instrumentales de la vida diaria (AIVD)

Son las actividades de apoyo a la vida cotidiana en la casa y en la comunidad que requieren, con frecuencia, interacciones más complejas que las necesarias en las AVD o actividades de autocuidado. Las principales actividades instrumentales de la vida diaria son:

- Cuidado de los otros: organizar, supervisar o proveer el cuidado a otras personas.

- Cuidado de mascotas: organizar, supervisar o proveer la atención a las mascotas o animales.

- Facilitar la crianza de los niños: proveer el cuidado y la supervisión para respaldar las necesidades de desarrollo de los niños.

- Gestión de la comunicación: enviar, recibir e interpretar información, utilizando diversos sistemas y equipos, incluyendo herramientas de escritura, teléfonos, ordenadores, sistema braille, sistemas de comunicación aumentativa, etcétera.

- Movilidad en la comunidad: desplazarse por la comunidad y utilizar el transporte público o privado (conducir, caminar, ir en bicicleta, acceder a autobuses o taxis, etcétera).

- Uso del dinero y gestión económica: manejar los recursos fiscales, incluyendo métodos alternativos de transacción financiera, planificar las finanzas a corto, medio y largo plazo, etcétera.

- Gestión y mantenimiento de la salud: desarrollar, manejar y mantener rutinas para la promoción de la salud y el bienestar (salud física, nutrición, disminución de conductas de riesgo, rutina de toma de medicamentos, etcétera).

- Establecimiento y gestión del hogar: obtener y mantener posesiones personales y del hogar, mantener el entorno del hogar, reparar los efectos personales, saber cómo pedir ayuda o con quién contactar en caso de ser necesario, etcétera.

- Preparación de la comida y limpieza: planificar, preparar y servir comidas equilibradas y nutritivas, limpieza de alimentos y utensilios de cocina, etcétera.

- Práctica de la religión: participar en una religión, «sistema organizado de creencias, prácticas, rituales y símbolos diseñados para facilitar la cercanía a lo sagrado o trascendental» (Moreira-Almeida y Koening, 2006).

- Mantenimiento de la seguridad y responder a las emergencias: conocer y aplicar los procedimientos de prevención para mantener un entorno seguro, reconocer situaciones de peligro e iniciar acciones de urgencia para reducir la amenaza de seguridad.

- Compras: preparar la lista de la compra; seleccionar, adquirir y transportar los artículos; seleccionar el método de pago y completar la transacción comercial.

<u>Entrenamiento de actividades de la vida diaria</u>

Para el entrenamiento en habilidades de autonomía personal referidas a actividades de la vida diaria, se utilizan las siguientes técnicas:

- Instrucciones verbales sencillas, que pueden acompañarse de instrucciones gestuales y ayudas físicas.

- Ayuda física: en los casos más severos, puede ser necesario ayudar a la persona a realizar los movimientos que componen una actividad (por ejemplo, coger sus manos y acompañarle en la realización de la tarea).

- Indicaciones gestuales: guiar la realización de la actividad mediante gestos de aprobación, corrección, etcétera.

- Imitación: consiste en ejecutar la actividad de la vida diaria que se desea entrenar para que la persona con discapacidad la observe y, a continuación, solicitarle que la realice.

- Eliminación: se basa en la reducción gradual de las ayudas hasta que la persona sea capaz de ejecutar la acción por sí misma.

- Moldeamiento: consiste en realizar aproximaciones, dividiendo la actividad en pequeños pasos sucesivos.

- Encadenamiento: cada actividad de la vida diaria se descompone en distintos pasos que se deben entrenar individualmente y formar una cadena. Por ejemplo, la actividad de cepillarse los dientes puede dividirse en los siguientes pasos: abrir la pasta de dientes, verter un poco de pasta sobre el cepillo, realizar el cepillado correctamente, enjuagar la boca, limpiar el cepillo y cerrar el bote de pasta de dientes.

1.5.3. Movilidad urbana y desplazamientos

Para alcanzar el mayor nivel de autonomía personal posible y, de esta manera, mejorar la calidad de vida de las personas con discapacidad, es necesario promover la movilidad urbana y la realización de desplazamientos en los diferentes medios de transporte, públicos o privados.

Para adquirir las habilidades necesarias para realizar desplazamientos urbanos, se deben seguir las siguientes pautas:

- Determinar el lugar al que la persona con discapacidad quiere desplazarse.

- Ayudarle en la búsqueda de medios de transporte urbanos o interurbanos disponibles y proporcionarles la información que requieran sobre su modo de utilización (formas de acceso, medios de pago, rutas, etcétera).

- Informar a las familias de la ruta elegida y el medio de transporte, por si fuera necesario realizar un acompañamiento puntual o continuo.

1.5.4. Acceso y participación en los recursos de la comunidad

La participación social y comunitaria es uno de los objetivos básicos de los proyectos de vida independiente y constituye un elemento fundamental en la calidad de vida de las personas con discapacidad. Es necesario tener en cuenta los intereses y preferencias de la persona con discapacidad en el uso de los recursos comunitarios.

Para promover el acceso y participación en los recursos de la comunidad, será necesario:

- Dar a conocer los recursos disponibles y cómo acceder a los mismos.

- Priorizar los intereses y preferencias de la persona con discapacidad la participación en los recursos de la comunidad, ya sean actividades recreativas, de ocio y tiempo libre o actividades formativas y/o laborales.

- Fomentar la participación regular en acontecimientos sociales, culturales, deportivos, recreativos, etcétera.

- Determinar el grado de satisfacción de las personas con discapacidad con las actividades en las que participan ofrecidas por la comunidad.

- Fomentar la integración de las personas con discapacidad en entornos normalizados.

Convención Internacional sobre los Derechos de las Personas con Discapacidad

En el año 2006 tuvo lugar la Convención Internacional sobre los Derechos de las Personas con Discapacidad, cuyo objetivo fue promover y garantizar la dignidad y los derechos humanos y libertades fundamentales, en condiciones de igualdad, de todas las personas con discapacidad.

Los principios de la convención fueron:

- El respeto de la dignidad inherente, la autonomía individual, incluida la libertad de tomar las propias decisiones, y la independencia de las personas.

- La no discriminación.

- La participación e inclusión plenas y efectivas en la sociedad.

- El respeto por la diferencia y la aceptación de las personas con discapacidad como parte de la diversidad y la condición humanas.

- La igualdad de oportunidades.

- La accesibilidad.

- La igualdad entre el hombre y la mujer.

- El respeto a la evolución de las facultades de los niños y las niñas con discapacidad y de su derecho a preservar su identidad.

Como se desprende de estos principios fundamentales, la inclusión social y la participación comunitaria son necesarias para garantizar los derechos humanos y libertades fundamentales de las personas con discapacidad. Algunos artículos de la convención en los que se hace referencia a la participación comunitaria son:

- *Artículo 9. Accesibilidad.*

  Los Estados Partes adoptarán medidas pertinentes para asegurar el acceso de las personas con discapacidad, en igualdad de condiciones con las demás, al entorno físico, el transporte, la información y las comunicaciones, incluidos los sistemas y las tecnologías de la información y las comunicaciones, y a otros servicios e instalaciones abiertos al público o de uso público.

- *Artículo 19. Derecho a vivir de forma independiente y a ser incluido en la comunidad.*

  Los Estados Parte adoptarán medidas efectivas y pertinentes para facilitar el pleno goce de este derecho por las personas con discapacidad y su plena inclusión y participación en la comunidad, asegurando en especial que:

  • Las personas con discapacidad tengan la oportunidad de elegir su lugar de residencia y dónde y con quién vivir, en igualdad de condiciones con las demás.

  • Las personas con discapacidad tengan acceso a una variedad de servicios de asistencia domiciliaria, residencial y otros servicios de apoyo de la comunidad, incluida la asistencia personal que sea necesaria para facilitar su existencia y su inclusión en la comunidad y para evitar su aislamiento o separación de esta.

- Las instalaciones y los servicios comunitarios para la población en general estén a disposición, en igualdad de condiciones, de las personas con discapacidad y tengan en cuenta sus necesidades.

— *Artículo 29. Participación en la vida política y pública.*

Los Estados Partes garantizarán a las personas con discapacidad los derechos políticos y la posibilidad de gozar de ellos en igualdad de condiciones con las demás y se comprometerán a:

- Asegurar que las personas con discapacidad puedan participar plena y efectivamente en la vida política y pública en igualdad de condiciones con las demás, directamente o a través de representantes libremente elegidos, incluidos el derecho y la posibilidad de las personas con discapacidad a votar y ser elegidas.

- Promover activamente un entorno en el que las personas con discapacidad puedan participar plena y efectivamente en la dirección de los asuntos públicos, sin discriminación y en igualdad de condiciones con las demás, y fomentar su participación en los asuntos públicos.

— *Artículo 30. Participación en la vida cultural, las actividades recreativas, el esparcimiento y el deporte.*

- Los Estados Partes reconocen el derecho de las personas con discapacidad a participar, en igualdad de condiciones con las demás, en la vida cultural y adoptarán todas las medidas pertinentes para asegurar que las personas con discapacidad:

  ▪ Tengan acceso a material cultural en formatos accesibles.

  ▪ Tengan acceso a programas de televisión, películas, teatro y otras actividades culturales en formatos accesibles.

  ▪ Tengan acceso a lugares en donde se ofrezcan representaciones o servicios culturales tales como teatros, museos, cines, bibliotecas y servicios turísticos y, en la medida de lo posible, tengan acceso a monumentos y lugares de importancia cultural nacional.

- Los Estados Partes adoptarán las medidas pertinentes para que las personas con discapacidad puedan desarrollar y utilizar su potencial creativo, artístico e intelectual, no solo en su propio beneficio, sino también para el enriquecimiento de la sociedad.

- Los Estados Partes tomarán todas las medidas pertinentes, de conformidad con el derecho internacional, a fin de asegurar que las leyes de protección de los derechos de propiedad intelectual no constituyan una barrera excesiva o discriminatoria para el acceso de las personas con discapacidad a materiales culturales.

- Las personas con discapacidad tendrán derecho, en igualdad de condiciones con las demás, al reconocimiento y el apoyo de su identidad cultural y lingüística específica, incluidas la lengua de señas y la cultura de los sordos.

- A fin de que las personas con discapacidad puedan participar en igualdad de condiciones con las demás en actividades recreativas, de esparcimiento y deportivas, los Estados Partes adoptarán las medidas pertinentes para:

  - Alentar y promover la participación, en la mayor medida posible, de las personas con discapacidad en las actividades deportivas generales en todos los niveles.

  - Asegurar que las personas con discapacidad tengan la oportunidad de organizar y desarrollar actividades deportivas y recreativas específicas para dichas personas y de participar en dichas actividades y, a ese fin, alentar a que se les ofrezca, en igualdad de condiciones con las demás, instrucción, formación y recursos adecuados.

  - Asegurar que las personas con discapacidad tengan acceso a instalaciones deportivas, recreativas y turísticas.

  - Asegurar que los niños y las niñas con discapacidad tengan igual acceso con los demás niños y niñas a la participación en actividades lúdicas, recreativas, de esparcimiento y deportivas, incluidas las que se realicen dentro del sistema escolar.

  - Asegurar que las personas con discapacidad tengan acceso a los servicios de quienes participan en la organización de actividades recreativas, turísticas, de esparcimiento y deportivas.

1.5.5. Gestión y manejo del dinero

El entrenamiento en el uso y manejo del dinero es fundamental para alcanzar la autonomía personal. Algunas estrategias para desarrollar estas habilidades de gestión económicas son:

- Reconocimiento y discriminación de las distintas monedas y billetes.

- Aprendizaje de cálculos elementales (suma y resta).

- Modificar conductas inapropiadas relacionadas con el dinero, como una generosidad desproporcionada o el ahorro excesivo, sin querer realizar ningún gasto.

- Conocer el valor de los productos utilizados habitualmente.

- Identificar las situaciones en las que se debe realizar una transacción económica.

- Introducir la responsabilidad en el manejo del dinero de manera paulatina.

1.5.6. Resolución de problemas cotidianos

La normalización e integración de las personas con discapacidad se basa, en gran medida, en el logro de unos niveles mínimos de autonomía personal. Para ello, la persona con discapacidad debe ser capaz de resolver los problemas cotidianos, ejecutando la conducta más apropiada en cada situación. La resolución de problemas implica las siguientes fases:

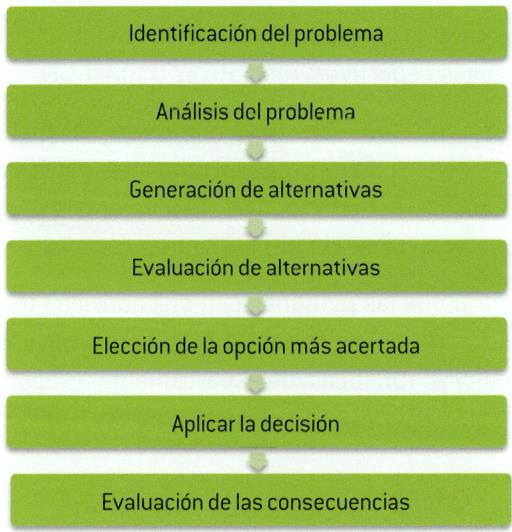

Identificación del problema

Análisis del problema

Generación de alternativas

Evaluación de alternativas

Elección de la opción más acertada

Aplicar la decisión

Evaluación de las consecuencias

Las habilidades para la solución de problemas cotidianos son:

- Identificación de las situaciones problema.

- Generación de alternativas:

  - Enumerar las alternativas u opciones. Una manera habitual de generar diferentes alternativas es mediante la técnica llamada *brainstorming* (lluvia de ideas).

  - Identificar las posibles consecuencias de cada alternativa.

  - Valorar la probabilidad de que cada consecuencia ocurra.

- Toma de decisiones.

- Supervisión de la propia conducta y evaluación del resultado.

Algunas estrategias para fomentar la resolución de problemas en jóvenes con discapacidad son (Bremen, Kachgal y Schoeller, 2003):

- Enseñar destrezas para la resolución de problemas.

- Permitir que la persona con discapacidad se apropie de los desafíos y problemas.

- Aceptar los problemas como parte del desarrollo saludable.

- Convocar reuniones familiares para identificar problemas (en casa, en la comunidad, etcétera).

- Permitir a las personas con discapacidad que elaboren su propia lista de posibles soluciones y consecuencias.

RESUMEN

- La autonomía personal se entiende como la capacidad de controlar, afrontar y tomar, por propia iniciativa, decisiones personales acerca de cómo vivir de acuerdo con las normas y preferencias propias, así como de desarrollar las actividades básicas de la vida diaria.

- La Ley 39/2006, de 14 de diciembre, de Promoción de la Autonomía Personal y Atención a las personas en situación de dependencia, tiene como objeto regular las condiciones básicas que garanticen la igualdad en el ejercicio del derecho a la promoción de la autonomía personal y atención a las personas en situación de dependencia.

- Según la OMS, la calidad de vida se define como la percepción del individuo sobre su posición en la vida dentro del contexto cultural y el sistema de valores en el que vive y con respecto a sus objetivos, expectativas, estándares e intereses.

- La escala de calidad de vida WHOQOL-BREF valora la calidad de vida de las personas teniendo en cuenta la percepción del sujeto en sus dimensiones física, psicológica, social y ambiental de manera integral.

- Las tres dimensiones que componen la calidad de vida y que actúan de manera interrelacionada son: física, psicológica y social.

- Schalock y Verdugo definen la calidad de vida individual como un estado deseado de bienestar personal que es multidimensional, tiene propiedades universales y ligadas a la cultura, tiene componentes objetivos y subjetivos y está influenciado por características personales y factores ambientales.

- El modelo propuesto por Schalock y Verdugo señala que las dimensiones de la calidad de vida son: autodeterminación, desarrollo personal, bienestar físico, bienestar emocional, bienestar material, relaciones interpersonales, inclusión social y defensa de los derechos.

- La conducta autodeterminada es aquella relacionada con las actitudes y capacidades necesarias para actuar como agente causal primario de la propia vida, realizar elecciones y adoptar decisiones sobre la propia calidad de vida libre de influencias o interferencias externas inapropiadas (Wehmeyer, 1996).

- Los componentes de la autodeterminación son: autonomía personal, autorregulación, capacitación psicológica y autorrealización.

- Los diversos tipos de discapacidad llevan aparejados diferencias en los niveles de autonomía personal y en la capacidad para adquirir y desarrollar estas habilidades.

- La promoción de la autonomía personal de las personas con discapacidad debe realizarse teniendo en cuenta los diferentes ámbitos de actuación, como: actividades de la vida diaria (AVD), movilidad urbana y desplazamientos, acceso y participación en los recursos de la comunidad, gestión y manejo del dinero y resolución de problemas cotidianos.

- Los proyectos de vida independiente (PVI) pretenden ofrecer las oportunidades y apoyos necesarios para favorecer el desarrollo de habilidades sociolaborales, de autonomía personal, de autorregulación y de autodeterminación de las personas con discapacidad.

ACTIVIDADES DE AUTOEVALUACIÓN

1.1. ¿Qué actividades de la autonomía personal hacen referencia al grado en el que la persona se maneja de forma independiente en sus interacciones con el ambiente?

   a) Actividades de la vida diaria o de cuidado personal y familiar.

   b) Actividades de autodirección.

   c) Actividades sociales y vocacionales.

1.2. ¿Qué dimensión de la calidad de vida incluye el desempeño laboral?

   a) Dimensión física.

   b) Dimensión psicológica.

   c) Dimensión social.

1.3. Señala la opción incorrecta en relación con el modelo de calidad de vida propuesto por Schalock y Verdugo:

   a) Es unidimensional.

   b) Tiene componentes objetivos y subjetivos.

   c) Tiene propiedades universales y ligadas a la cultura.

1.4. ¿Cuál de las siguientes opciones no es una de las dimensiones básicas de calidad de vida propuestas en el modelo de Schalock y Verdugo?

   a) Autodeterminación.

   b) Autorrealización.

   c) Inclusión social.

1.5. ¿Qué indicador está relacionado con la dimensión de la calidad de vida «Desarrollo personal»?

   a) Actividades de la vida diaria.

   b) Autonomía.

   c) Satisfacción con la vida.

1.6. ¿Qué indicador está relacionado con la dimensión de la calidad de vida «Bienestar emocional»?

a) Educación.

b) Decisiones.

c) Autoconcepto.

1.7. ¿Qué instrumento puede utilizarse para valorar el grado de autonomía personal de las personas con discapacidad intelectual?

a) Escala de Barthel.

b) Índice de Lawton y Brody.

c) Índice de Katz.

1.8. Señala la opción correcta en relación con los proyectos de vida independiente (PVI):

a) Los PVI se basan en los nuevos enfoques sobre la discapacidad, que fomentan una imagen de las personas con discapacidad normalizada y centrada en sus capacidades y competencias.

b) El objetivo final de estos proyectos es alcanzar la plena normalización en el contexto laboral, pero no social ni familiar.

c) Los proyectos de vida independiente son itinerarios estandarizados.

1.9. ¿Cómo se denomina la técnica de entrenamiento de actividades de la vida diaria que consiste en realizar aproximaciones, dividiendo la actividad en pequeños pasos sucesivos?

a) Eliminación.

b) Moldeamiento.

c) Encadenamiento.

1.10. Señala la opción incorrecta en relación con el uso y manejo del dinero por parte de las personas con discapacidad:

a) Se deben respetar las conductas relacionadas con el dinero, como una generosidad desproporcionada o el ahorro excesivo.

b) Es conveniente introducir la responsabilidad en el manejo del dinero de manera repentina.

c) Se debe entrenar a las personas para que conozcan el valor de los productos utilizados habitualmente.

ACTIVIDADES DE APLICACIÓN

1.1. Revisa la Ley 39/2006, de 14 de diciembre, de Promoción de la Autonomía Personal y Atención a las personas en situación de dependencia, y señala cómo se definen los siguientes conceptos en dicha normativa:

- Dependencia.

- Actividades básicas de la vida diaria (ABVD).

- Necesidades de apoyo para la autonomía personal.

1.2. Completa la siguiente frase:

- La autonomía personal se entiende como la capacidad de controlar, afrontar y tomar, por propia _____, decisiones personales acerca de cómo vivir de acuerdo con las normas y _____ propias, así como de desarrollar las actividades _____.

1.3. Completa las siguientes frases en relación con las dimensiones de la calidad de vida:

a. La dimensión psicológica es la percepción del individuo de su estado _____ y _____.

b. La dimensión física es la percepción del estado _____ o la _____.

c. La dimensión social es la percepción del individuo de las _____ y los _____ en la vida.

1.4. Relaciona cada indicador con su dimensión de la calidad de vida:

1. Participación	a. Autodeterminación
2. Condiciones de la vivienda	b. Bienestar emocional
3. Elecciones	c. Inclusión social
4. Autoconcepto	d. Desarrollo personal
5. Educación	e. Bienestar material
6. Atención sanitaria	f. Bienestar físico

1.5. Señala si las siguientes afirmaciones son verdaderas o falsas:

	V	F
a. Los proyectos de vida independiente pretenden favorecer el desarrollo de habilidades sociolaborales, de autonomía personal, de autorregulación y de autodeterminación de las personas con discapacidad.		
b. Los PVI se centran en las limitaciones de las personas con discapacidad.		
c. El objetivo final de los PVI es alcanzar la plena normalización en diferentes contextos.		
d. Los proyectos de vida independiente son itinerarios estandarizados.		

CASO PRÁCTICO

Desarrollo de las habilidades de autonomía personal en una persona con discapacidad física

Contexto:

Juan tiene 28 años y ha sido diagnosticado con parálisis cerebral desde su nacimiento. Vive con sus padres, quienes le brindan un apoyo significativo en sus actividades diarias. A pesar de sus desafíos físicos, Juan tiene una gran motivación por mejorar su autonomía personal y su calidad de vida. Actualmente, asiste a un centro de día donde participa en actividades tanto terapéuticas como formativas.

Información adicional sobre Juan:

- Movilidad: Juan utiliza una silla de ruedas y necesita ayuda para transferencias y algunas actividades de movilidad.

- Comunicación: se comunica de manera efectiva utilizando dispositivos de asistencia tecnológica.

- Autocuidado: puede realizar algunas tareas de autocuidado con ayuda mínima, como cepillarse los dientes, pero necesita asistencia para bañarse y vestirse.

- Actividades diarias: participa activamente en actividades del centro de día y muestra interés por aprender habilidades nuevas.

Como especialista en inserción sociolaboral de personas con discapacidad, te encargan las siguientes tareas:

- Evaluar el nivel de autonomía personal de Juan utilizando indicadores específicos.

- Evaluar la calidad de vida de Juan a través de indicadores adecuados.

- Proponer un plan de intervención para mejorar las habilidades de autonomía personal de Juan.

Actividades:

Desarrolla un sistema de indicadores o escala de medición para la valoración del nivel de autonomía personal. Algunos ámbitos evaluables podrían ser:

- Movilidad:

  • Capacidad para moverse dentro de su hogar y en el centro de día con o sin ayuda.

  • Habilidad para realizar transferencias (por ejemplo, de la silla de ruedas a la cama) con o sin asistencia.

- Autocuidado:
  - Capacidad para realizar tareas de higiene personal (cepillado de dientes, lavado de manos) con o sin ayuda.
  - Habilidad para vestirse y desvestirse, con o sin asistencia.
- Comunicación y socialización:
  - Efectividad en la comunicación utilizando dispositivos de asistencia.
  - Participación en actividades sociales y comunicativas en el centro de día.
- Habilidades domésticas:
  - Capacidad para realizar tareas domésticas básicas (preparar una merienda sencilla, ordenar su espacio…), con o sin ayuda.

Desarrolla un sistema de indicadores o escala de medición para la valoración de la calidad de vida de Juan. Algunos ámbitos susceptibles de exploración podrían ser:

- Bienestar físico:
  - Nivel de confort físico y manejo del dolor.
  - Acceso y uso de dispositivos de asistencia adecuados.
- Bienestar emocional:
  - Niveles de estrés y ansiedad.
  - Satisfacción con sus relaciones interpersonales y actividades diarias.
- Autodeterminación:
  - Capacidad para tomar decisiones sobre su propia vida.
  - Grado de independencia en la elección de actividades diarias.
- Inclusión social:
  - Participación en la comunidad y actividades sociales.
  - Sentimiento de pertenencia en su entorno social y familiar.

Con unos datos ficticios, identifica las áreas clave donde Juan muestra fortalezas y áreas donde necesita más apoyo, y desarrolla una propuesta de intervención:

- Desarrolla un plan de intervención personalizado para Juan. Este plan debe incluir estrategias específicas para mejorar sus habilidades de autonomía personal y, en consecuencia, su calidad de vida.

- Haz una propuesta de actividades y recursos necesarios para implementar este plan (por ejemplo, terapias, programas de formación, adaptaciones tecnológicas).

- Diseña un plan de seguimiento para evaluar el progreso de Juan a lo largo del tiempo.

- Establece indicadores de éxito y metas a corto y largo plazo.

GLOSARIO

Accesibilidad: capacidad de los entornos, productos y servicios para ser utilizados por todas las personas, incluyendo aquellas con discapacidad, sin barreras físicas, tecnológicas o de comunicación.

Actividades de la vida diaria (AVD): tareas cotidianas esenciales que las personas realizan para cuidar de sí mismas, como vestirse, alimentarse, bañarse y moverse dentro del hogar.

Autoconcepto: percepción y valoración que una persona tiene de sí misma, incluyendo sus habilidades, características y valores.

Autodeterminación: capacidad de una persona para tomar decisiones y controlar su propia vida, basándose en sus propios deseos, intereses y valores.

Autorrealización: proceso y capacidad de una persona para alcanzar su máximo potencial, logrando sus metas y aspiraciones personales.

Autorregulación: habilidad para gestionar y controlar las propias emociones, pensamientos y comportamientos de manera efectiva en diversas situaciones.

Autonomía personal: capacidad de una persona para realizar actividades y tomar decisiones de manera independiente, sin necesidad de ayuda o supervisión constante.

Calidad de vida: grado en que una persona disfruta de una vida satisfactoria y plena, considerando factores como el bienestar físico, emocional, social y material.

Inclusión social: integración y participación plena de todas las personas, independientemente de sus capacidades, en todos los aspectos de la vida social, económica y cultural.

Indicador: medida o criterio que se utiliza para evaluar, cuantificar y comparar aspectos específicos del desarrollo o rendimiento en un área determinada.

Movilidad urbana: facilidad y accesibilidad con la que las personas pueden desplazarse por una ciudad, utilizando diversos medios de transporte, infraestructuras y servicios.

Participación comunitaria: implicación activa de las personas en actividades y decisiones que afectan a su comunidad, contribuyendo al bienestar y desarrollo colectivo.

MAPA CONCEPTUAL

DESARROLLO DE LAS HABILIDADES DE AUTONOMÍA PERSONAL EN PERSONAS CON DISCAPACIDAD

AUTONOMÍA PERSONAL: CATEGORÍAS

– Actividades de la vida diaria (cuidado personal y familiar).

– Actividades recreativas.

– Actividades de autodirección.

– Actividades sociales y vocacionales.

INDICADORES DE LA CALIDAD DE VIDA

– Dimensión física.

– Dimensión social.

– Dimensión psicológica.

DIMENSIONES DE LA CALIDAD DE VIDA

– Autodeterminación.

– Desarrollo personal.

– Bienestar físico.

– Bienestar emocional.

– Bienestar material.

– Relaciones interpersonales.

– Inclusión social.

– Defensa de los derechos.

AUTONOMÍA PERSONAL

– Actividades de la vida diaria (AVD).

– Movilidad urbana y desplazamientos.

– Acceso y participación en los recursos de la comunidad.

– Gestión y manejo del dinero.

– Resolución de problemas cotidianos.

PROYECTOS DE VIDA INDEPENDIENTE (PVI)

– Autodeterminación.

– Participación laboral.

– Participación comunitaria.

– Formación permanente.

– Vivienda independiente.

2. Desarrollo de las habilidades sociales para la inserción sociolaboral de personas con discapacidad

Contenido

Las habilidades sociales se encuentran estrechamente vinculadas con el desempeño de actividades laborales. Las intervenciones encaminadas al desarrollo de estas habilidades sociales y de comunicación pretenden potenciar la interacción social, realizando entrenamientos que favorezcan:

- La adquisición y fomento de repertorios sociales básicos: cortesía, fórmulas comunicativas, conocimiento de los datos personales (nombre, dirección, teléfono, etcétera).

- El desarrollo de habilidades sociales que permitan dar respuestas asertivas (no agresivas ni pasivas).

- La adecuación del lenguaje a los distintos contextos, situaciones y personas que se puedan plantear.

- La adecuación de la conducta social ante los distintos contextos, situaciones y personas.

2.1. Habilidades sociales

Las habilidades sociales fueron definidas por Furnham (1992) como «las capacidades o aptitudes empleadas por el individuo cuando interactúa con otras personas en un nivel interpersonal».

Otra aproximación conceptual al término *habilidad social* es la realizada por García-Sáiz y Gil (1992), los cuales señalan que las habilidades sociales son «comportamientos aprendidos que se manifiestan en situaciones de interacción social, orientados a la obtención de distintos objetivos, para lo cual han de adecuarse a las exigencias situacionales».

La progresiva incorporación de personas con discapacidad a los diversos ámbitos laborales implica que estas deben poseer habilidades sociales y estrategias de resolución de problemas interpersonales. Las habilidades sociales son comportamientos aprendidos que pueden mejorarse a través de las experiencias y entrenamientos adecuados.

Las habilidades sociales se caracterizan por:

- Son habilidades aprendidas y, por lo tanto, susceptibles de ser aprendidas, entrenadas y desarrolladas.

- Los comportamientos socialmente habilidosos dependen de la situación.

- Las habilidades sociales son comportamientos que se dirigen a conseguir determinados objetivos o refuerzos. Estos refuerzos pueden ser:

  - Refuerzos del entorno:

    - Sociales.

    - Materiales.

  - Refuerzos personales (autorrefuerzo).

Los componentes de las habilidades sociales son:

- Dimensión personal: variables cognitivas (pensamientos, creencias, expectativas, percepciones…).

- Dimensión situacional: contextos y entornos (laborales, familiares, comunitarios, etcétera).

- Dimensión conductual: comportamientos, como:

  - Iniciar y mantener conversaciones.

  - Saludar y presentarse.

  - Aceptar y hacer cumplidos.

  - Solicitar ayuda o pedir favores.

  - Rechazar peticiones.

  - Expresar emociones.

  - Expresar opiniones y descos.

  - Pedir disculpas.

  - Aceptar y realizar críticas.

Mecanismos de aprendizaje de las habilidades sociales

Los principales mecanismos por los que generalmente se adquieren las habilidades sociales son:

- Instrucciones o moldeamiento: las habilidades sociales se adquieren por medio de la transmisión de instrucciones.

- Modelado: se basa en el aprendizaje por observación de modelos.

- Ensayo de conducta: se trata de la práctica de las habilidades sociales en diferentes contextos y momentos, y ante distintas personas.

- Reforzamiento de las conductas adecuadas y castigo de las inadecuadas: consiste en la administración de consecuencias dependiendo de si la conducta social emitida es apropiada (reforzamiento) o inapropiada (castigo).

- Retroalimentación (*feedback*): se trata de ofrecer información sobre el desempeño.

El concepto de competencia social se refiere «a un juicio evaluativo general referente a la calidad o adecuación del comportamiento social de un individuo en un contexto determinado, por un agente social de su entorno que está en una posición para hacer un juicio informal. Para que una actuación sea evaluada como competente, solo necesita ser adecuada, no necesita ser excepcional» (Richard M. McFall, 1982).

2.1.1. Habilidades de comunicación verbal y no verbal

Las habilidades de comunicación son un elemento clave de las habilidades sociales, ya que se refieren a la capacidad para transmitir eficazmente información y comprender correctamente el mensaje que otras personas envían.

La comunicación puede dividirse en: verbal y no verbal. Las habilidades de comunicación no verbal se refieren al uso de expresiones faciales, gestos, movimientos o posturas corporales para transmitir información. Por otro lado, las habilidades de comunicación verbal se refieren a la capacidad de codificar y descodificar los mensajes orales.

Comunicación no verbal

La comunicación no verbal acontece de manera inevitable y es difícil de controlar. La información transmitida de manera no verbal puede reforzar el mensaje transmitido verbalmente o, por el contrario, puede contradecirlo. En caso de incongruencia entre el mensaje verbal y la comunicación no verbal, suele primar esta última. Las principales funciones de la comunicación no verbal son:

- Expresar emociones: demostrar, de manera voluntaria o involuntaria, estados emocionales y sentimientos.

- Enfatizar el mensaje verbal.

- Aclarar un mensaje o esclarecer su significado.

- Sustituir un mensaje verbal, reemplazando las palabras por gestos.

Los principales elementos no verbales de la comunicación son:

- Expresión facial: los gestos y expresiones faciales aportan gran cantidad de información acerca del estado emocional de la persona.

- Mirada.

- Sonrisa.

- Gestos.

- Postura corporal.

- Proxemia: espacio físico entre las personas, proximidad, contacto físico...

- Elementos paralingüísticos: componentes que acompañan al mensaje verbal, como el timbre, tono de la voz, ritmo, fluidez, claridad, énfasis, pausas, etcétera.

Comunicación verbal

Existen diferencias en la comunicación verbal entre las personas socialmente habilidosas y las que no lo son. Entre estas diferencias destacan:

- Autorrevelación: las personas que presentan déficits en habilidades sociales tienen dificultades para hablar sobre uno mismo y sus experiencias, presentando niveles excesivos o escasos de autorrevelación.

- *Feedback:* la retroalimentación es la respuesta que se da al interlocutor durante el proceso comunicativo y que sirve para adaptar la conversación. Cuando existen déficits en habilidades sociales, los niveles de retroalimentación o *feedback* son inadecuados (por exceso o defecto).

- Preguntas: la formulación adecuada de preguntas para iniciar y mantener conversaciones es una característica de las personas socialmente habilidosas.

2.1.2. Habilidades de relación interpersonal

Algunas habilidades necesarias para establecer relaciones interpersonales adecuadas son:

- Escucha activa.

- Empatía.

- Asertividad.

- Habilidades conversacionales.

<u>Escucha activa</u>

La escucha activa es una técnica de comunicación eficaz que se basa en la capacidad para captar la totalidad del mensaje que transmite la otra persona (no solo lo que expresa directamente, sino también los sentimientos, ideas o pensamientos que subyacen a lo que se está diciendo).

Para mejorar la escucha activa es necesario:

- Tener disposición para la escucha activa y una actitud positiva.

- Observar a la otra persona, prestando atención tanto a la comunicación verbal como a la no verbal.

- Dejar a la otra persona que se exprese, sin interrumpirla.

- No realizar otras tareas durante la conversación.

- Mostrar interés a través de la comunicación verbal («entiendo», «ajá», «ya veo») y no verbal (contacto visual, gestos, postura).

- Dar *feedback* o retroalimentación.

Algunas técnicas de escucha activa que favorecen la comunicación son:

- Resumir: para comprobar si se está comprendiendo el mensaje de manera adecuada, se puede realizar un breve resumen de la información que ha transmitido la otra persona utilizando palabras propias. Por ejemplo, «Si he comprendido bien, dices que...».

- Técnica del parafraseo: consiste en repetir literalmente una frase o idea principal que ha expresado la otra persona.

- Técnica de las preguntas: se utiliza para obtener más información, facilitar que la otra persona se sincere, comprobar que se ha comprendido el mensaje, demostrar interés y crear un clima de confianza.

- Refuerzo positivo: se basa en emitir palabras o frases cortas que refuercen el discurso de la otra persona, como: «sí», «ya», «entiendo», «claro», «bien», «vale», etcétera.

- Asentir con la cabeza: mediante este gesto se muestra a la otra persona que se está prestando atención y se le está escuchando activamente.

Empatía

La empatía es la capacidad para percibir lo que otra persona siente y comprender su situación. Coloquialmente se conoce como «ponerse en el lugar del otro». Para fomentar la empatía se debe:

- Hacer saber a la otra persona que se entiende su situación.

- Evitar mostrar aburrimiento, desinterés o prisa al escuchar a la otra persona.

- Mostrar respeto y tolerancia hacia los sentimientos y opiniones de los demás.

- No prejuzgar, ni restar importancia a los problemas de la otra persona.

Asertividad

Existen tres estilos comunicativos: agresivo, pasivo y asertivo. El estilo asertivo es aquel que permite expresar las emociones y defender los propios intereses respetando las necesidades de los demás, sin adoptar una postura pasiva o agresiva.

Las características de los estilos comunicativos son:

- Estilo agresivo:

  - Se caracteriza por defender los propios intereses y deseos, y por expresar los sentimientos y opiniones sin tener en cuenta a los demás.

  - Se expresa de una manera hostil y amenazadora.

  - No respeta las necesidades o intereses de los demás.

  - Manifiesta una conducta agresiva física y verbal.

- Estilo pasivo:

  - Se caracteriza por la negación de los derechos e intereses personales frente a los intereses de los demás.

  - No expresa lo que siente o lo que quiere.

  - Se deja dominar por otras personas, involucrándose en situaciones que le resultan desagradables.

  - Evita conflictos.

- Siente culpabilidad por rechazar peticiones.

- Se muestra inseguro.

- Estilo asertivo:

  - Se caracteriza por el respeto por uno mismo y por los demás, facilitando la comunicación eficaz.

  - Implica saber decir que no, realizar y aceptar críticas, pedir favores, hacer pactos, llegar a acuerdos, elogiar y expresar los criterios y sentimientos propios.

	PASIVO	AGRESIVO	ASERTIVO
¿Qué busca?	Evitar conflictos.	Imponer sus deseos.	Crear consenso, respeto mutuo.
¿Qué transmite?	Tú tienes razón. No importa lo que yo sienta o piense.	Yo tengo razón. Si no estás de acuerdo, estás equivocado. No me importa cómo te sientes.	Yo pienso/siento... Tú piensas/sientes... Lleguemos a un acuerdo.
¿Defiende sus intereses?	Deja que los intereses de los demás se impongan a los suyos.	Antepone sus derechos a los de los demás.	Respeta los derechos de los demás, pero defiende los propios. Si tiene que decir que no, lo hará.
Comunicación no verbal	Volumen bajo, tono vacilante, mirada baja, postura encogida.	Voz fuerte, mirada desafiante, postura rígida.	Tono firme y modulado, mirada directa, postura relajada.

Claves de la comunicación de las personas asertivas:

- La persona asertiva exterioriza sus sentimientos, ya sean agradables o desagradables, con tranquilidad.

- Contradice directamente, de manera razonable, el desacuerdo con alguna situación.

- Tiende a hablar en primera persona («yo»), en términos de lo que piensa, siente o desea, independientemente del criterio de otros.

- Acompaña sus frases con expresiones y gestos adecuados.

- Actúa en congruencia consigo mismo (procura lograr lo que desea).

Entrenar a las personas con discapacidad en técnicas asertivas implica el conocimiento previo de los derechos asertivos. Según Olga Castanyer (*La asertividad: la expresión de una sana autoestima*, 1996) los derechos asertivos son:

1. El derecho a ser tratado con respeto y dignidad.
2. El derecho a tener y expresar los propios sentimientos y opiniones.
3. El derecho a ser escuchado y tomado en serio.
4. El derecho a juzgar mis necesidades, establecer mis prioridades y tomar mis propias decisiones.
5. El derecho a decir «no» sin sentir culpa.
6. El derecho a pedir lo que quiero, dándome cuenta de que también mi interlocutor tiene derecho a decir «no».
7. El derecho a cambiar.
8. El derecho a cometer errores.
9. El derecho a pedir información y ser informado.
10. El derecho a obtener aquello por lo que pagué.
11. El derecho a decidir no ser asertivo.
12. El derecho a ser independientes.
13. El derecho a decidir qué hacer con mis propiedades, cuerpo, tiempo, etcétera, mientras no se violen los derechos de otras personas.
14. El derecho a tener éxito.
15. El derecho a gozar y disfrutar.
16. El derecho a mi descanso, aislamiento, siendo asertivo.
17. El derecho a superarme, aun superando a los demás.

Para evaluar la asertividad, existen diversos instrumentos, como el *Cuestionario de conducta asertiva,* de Lazarus y Folkman (1990). Este cuestionario se compone de 20 ítems dicotómicos (respuestas «sí» o «no»):

CUESTIONARIO DE CONDUCTA ASERTIVA DE LAZARUS		
1. Cuando una persona es abiertamente injusta, ¿tiende usted a no decirle nada al respecto?	Sí	No
2. ¿Siempre hace lo posible por evitar problemas con otras personas?		
3. ¿Suele evitar contactos sociales por temor a hacer o decir algo inadecuado?		
4. Si un amigo le ha traicionado revelando algún secreto suyo, ¿le dice lo que piensa realmente?		
5. Si compartiera la habitación con otra persona, ¿insistiría en que él/ella haga parte de la limpieza?		
6. Cuando un empleado en un comercio atiende primero a una persona que llegó después de usted, ¿se lo hace notar?		
7. ¿Conoce pocas personas con las que pueda sentirse relajado y pasarlo bien?		
8. ¿Dudaría antes de pedirle dinero a un amigo?		
9. Si usted prestó una suma de dinero de importancia a una persona que parece haberse olvidado de ello, ¿se lo recordaría?		
10. Si una persona se burla de usted constantemente, ¿tiene dificultad para expresarle su irritación o desagrado?		
11. ¿Prefiere permanecer de pie al fondo de un salón de actos con tal de no buscar asiento adelante?		
12. Si alguien pateara continuamente el respaldo de su butaca en el cine, ¿le pediría que dejara de hacerlo?		
13. Si un amigo o amiga le llamara todos los días a altas horas de la noche, ¿le pediría que no llamara más tarde de cierta hora?		
14. Si usted estuviera hablando con otra persona que de pronto interrumpe la conversación para dirigirse a un tercero, ¿expresaría su irritación?		
15. Si usted está en un restaurante elegante y su bistec está demasiado crudo, ¿le pediría al camarero que lo cocinaran un poco más?		

Continúa en la página siguiente

16. Si el propietario de un piso que usted alquila no ha hecho ciertos arreglos a los que se comprometió, ¿usted le insistiría en que los hiciera?		
17. ¿Devolvería una prenda con taras que compró unos días antes?		
18. Si una persona a quien usted respeta expresara opiniones contrarias a las suyas, ¿se atrevería a exponer su propio punto de vista?		
19. ¿Puede decir «no» cuando le piden cosas poco razonables?		
20. ¿Considera que cada persona debe defender sus propios derechos?		

Corrección: El predominio de respuestas asertivas o no asertivas indica la tendencia (asertiva o no asertiva). Respuestas asertivas:

1-No, 2-No, 3-No, 4-Sí, 5-Sí, 6-Sí, 7-No, 8-No, 9-Sí, 10-No, 11-No, 12-Sí, 13-Sí, 14-Sí, 15-Sí, 16-Sí, 17-Sí, 18-Sí, 19-Sí, 20-Sí

Habilidades conversacionales

El entrenamiento en habilidades conversacionales se basa en fomentar la adquisición y el desarrollo de las habilidades necesarias para entablar, mantener y finalizar una conversación con otra persona. Para ello, es necesario entrenar habilidades como: saludar y presentarse, respetar el turno de palabra, seguir el tema de una conversación (sin saltar de un tema a otro), escuchar distintas opiniones, expresar las propias opiniones, hacer y responder preguntas, etcétera.

2.1.3. Habilidades de comprensión y expresión de emociones

La percepción y expresión emocional se basan en la capacidad para reconocer los propios estados de ánimo y comunicarlos de manera eficaz.

La comprensión emocional consiste en:

- Entender por qué aparecen determinados sentimientos y emociones.

- Anticipar los sentimientos y emociones que pueden surgir ante una determinada situación.

- Desarrollo de la capacidad de empatía.

Es necesario que las personas con discapacidad adquieran las habilidades necesarias para expresar sus propios sentimientos y emociones de modo socialmente apropiado, ya que, en ocasiones, estas personas pueden tener reacciones desproporcionadas ante emociones desagradables (cambios o frustraciones) o agradables (euforia excesiva).

El entrenamiento en habilidades de comprensión y expresión de emociones se basa en:

- Conocimiento y descripción de las principales emociones y las situaciones que habitualmente las generan: miedo, ira, tristeza, asco, sorpresa, felicidad, vergüenza, amor/cariño, culpa, envidia, admiración, indignación, etcétera.

- Identificación de expresiones faciales.

- Comprensión de la relación entre situaciones y emociones.

- Expresión verbal y no verbal de emociones.

- Adaptación de la expresión emocional al entorno y a las situaciones.

- Fomento de la asertividad.

2.1.4. Toma de decisiones

La toma de decisiones es una habilidad necesaria para comportarse de manera socialmente adecuada, ya que, ante la aparición de problemas o conflictos interpersonales, la persona debe tomar una serie de decisiones para solucionarlos.

El proceso de toma de decisiones es:

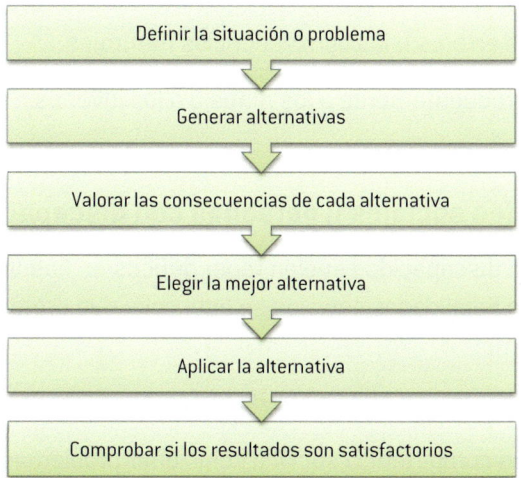

Definir la situación o problema

Generar alternativas

Valorar las consecuencias de cada alternativa

Elegir la mejor alternativa

Aplicar la alternativa

Comprobar si los resultados son satisfactorios

La toma de decisiones implica una serie de capacidades como:

- – Capacidad de análisis: supone comprender la situación, definir el problema, identificando sus elementos, implicaciones y relaciones causa-efecto.

- – Capacidad para generar alternativas y valorar las consecuencias de las mismas.

- – Capacidad para aplicar la alternativa elegida y comprobar si los resultados son satisfactorios.

- – Autoconfianza: para tomar decisiones es necesario confiar en las propias capacidades de resolución de problemas.

Bremen, Kachgal y Schoeller (2003) propusieron una serie de estrategias para promover la autodeterminación en jóvenes con discapacidad. Algunas de estas sugerencias relacionadas con la toma de decisiones son:

- – Identificar las fortalezas, intereses y estilos de aprendizaje.

- – Ofrecer elecciones en términos de prendas de ropa, actividades sociales, eventos familiares y métodos para aprender nueva información.

- – Mantener expectativas elevadas para los jóvenes.

- – Enseñar a los jóvenes sobre su discapacidad.

- – Involucrar a los niños y a los jóvenes en autodeterminación; ofrecerles oportunidades en la escuela, en el hogar y en la comunidad.

- – Preparar a los niños y a los jóvenes para mantener reuniones en la escuela.

- – Hablar directamente con los niños y los jóvenes.

- – Permitir los errores y las consecuencias naturales.

- – Escuchar frecuentemente a los niños y a los jóvenes.

2.2. Habilidades sociales y personas con discapacidad

Las personas con discapacidad suelen tener déficits en habilidades sociales. El entrenamiento en habilidades sociales en este colectivo pretende conseguir varios objetivos, como:

- – Fomentar la integración social e inclusión en entornos normalizados.

- – Aumentar la competencia social y solucionar problemas interpersonales.

- Mantener y mejorar relaciones sociales.

- Prevenir desajustes sociales y emocionales.

- Evitar el aislamiento social.

- Prevenir situaciones de abuso.

- Disminuir el estrés asociado a las situaciones interpersonales.

El hecho de que las personas con discapacidad tengan pocas y deficitarias interacciones sociales sugiere la necesidad de que deben ser entrenados en habilidades sociales para incrementar las interacciones positivas, reducir las conductas sociales inapropiadas y fomentar su integración.

2.2.1. Discapacidades sensoriales

Las personas con discapacidad sensorial, especialmente visual, presentan dificultades para adquirir un repertorio adecuado de habilidades sociales. Esto es debido a sus limitaciones a la hora de recibir información del entorno y la dificultad para aprender por imitación.

Es necesario destacar la heterogeneidad que existe en la población con discapacidad sensorial, derivada de:

- Diferentes tipos de discapacidad.

- Grado de discapacidad.

- Momento de aparición de la discapacidad.

- Existencia de otras discapacidades asociadas.

En el caso de las personas con discapacidad visual, las deficiencias más relevantes están relacionadas con los componentes paralingüísticos y no verbales de la comunicación. Concretamente, las personas con discapacidad visual presentan:

- Menor expresión facial, gestual y postural: este déficit en la comunicación no verbal obstaculiza el *feedback* y, en consecuencia, las interacciones adecuadas.

- Entonación más alta de lo habitual: las deficiencias en los componentes paralingüísticos pueden generar reacciones de evitación o rechazo en el interlocutor.

Respecto a las habilidades de asertividad, algunos estudios demuestran que las personas con discapacidad visual se muestran excesivamente pasivas o agresivas en sus interacciones.

2.2.2. Discapacidades físicas

Las personas con discapacidad física presentan deficiencias en las estructuras y funciones corporales que pueden ser más o menos graves y, en función de su gravedad, tendrán diferente impacto en otras áreas de la persona, como la capacidad para aprender conductas sociales apropiadas y las habilidades sociales.

Cuando la discapacidad física es prenatal, perinatal o aparece en la niñez, la persona puede presentar serias dificultades para interactuar con otras personas, especialmente con sus iguales, ya que, con frecuencia, no puede participar en determinadas actividades de juego y recreativas. Esta limitación en las interacciones sociales, junto con problemas de autoestima y autoconcepto, pueden generar déficits en las habilidades sociales de las personas con discapacidad física.

En el caso de las discapacidades físicas sobrevenidas, los déficits en habilidades sociales pueden derivarse del aislamiento y la consecuente falta de práctica de dichas habilidades.

2.2.3. Otras discapacidades: enfermedad mental, trastornos del espectro del autismo, discapacidad intelectual.

A continuación se expone la relación entre habilidades sociales y diferentes discapacidades (enfermedad mental, trastorno del espectro del autismo y discapacidad intelectual).

Enfermedad mental

La falta de habilidades sociales puede surgir como consecuencia de los trastornos mentales, o bien ser una causa de los mismos. Algunos trastornos mentales que se caracterizan por presentar inadecuación en la conducta social son:

- Trastornos de la personalidad:
  - Trastorno esquizoide de la personalidad: se caracteriza por desapego social, frialdad y tener un rango limitado de expresiones emocionales.

- Trastorno esquizotípico de la personalidad: se caracteriza por un apego inapropiado o restringido y ansiedad social excesiva.

- Trastorno de personalidad antisocial: se caracteriza por la indiferencia hacia las normas sociales, la ausencia de empatía y remordimiento, la deshumanización de la víctima y la falta de preocupación por las consecuencias.

- Trastorno histriónico de la personalidad: se caracteriza por expresión emocional superficial, exagerada y cambiante, así como conductas sociales inapropiadas (provocativas o seductoras).

- Trastorno narcisista de la personalidad: carece de empatía y tiende al abuso de los demás.

- Trastorno de la personalidad por dependencia: se caracteriza por la dificultad a la hora de expresar desacuerdo y el miedo excesivo a perder la aprobación y apoyo de los demás.

- Trastorno de la personalidad por evitación: se caracteriza por evitar el contacto interpersonal, hipersensibilidad a las críticas y/o la evaluación negativa y sentimientos de inadecuación o inferioridad.

- Fobia social: las personas que padecen fobia social presentan temor excesivo y persistente a las situaciones sociales, evitación de las mismas y anticipación ansiosa que interfieren significativamente en sus vidas.

- Esquizofrenia: las personas que padecen este trastorno psicótico presentan una escasa competencia social (dificultades en las relaciones sociales, retraimiento social, distanciamiento emocional, etcétera).

- Depresión: los trastornos depresivos están relacionados con un funcionamiento social inadecuado, debido a diferentes causas como: falta de exposición a modelos habilidosos, aprendizaje de conductas sociales desadaptativas, falta de oportunidades para poner en práctica las habilidades sociales, etcétera.

El entrenamiento de habilidades sociales en personas que padecen trastornos mentales tiene, generalmente, la siguiente estructura:

- Identificar las áreas específicas que se van a entrenar. Para ello, se utilizan instrumentos como: entrevista, autorregistros, autoinformes u observación directa.

- Analizar las causas de la falta de habilidades sociales. Algunas posibles causas pueden ser: falta de habilidades, ansiedad, cogniciones erróneas o desadaptativas, dificultades para discriminar situaciones sociales, falta de motivación, etcétera.

– Reestructuración cognitiva: esta técnica se basa en la identificación y corrección de los patrones de pensamiento negativo. Para ello, se siguen los siguientes pasos:

  • Identificación de los pensamientos inadecuados. Estos pensamientos negativos pueden:

    ▪ Distorsionar la realidad o reflejarla parcialmente.

    ▪ Extraer conclusiones generales a partir de un pequeño detalle o un hecho aislado.

    ▪ Interpretar cualquier hecho o situación de manera extremista.

    ▪ Culpabilizarse a uno mismo de los errores ajenos.

    ▪ Exagerar las consecuencias de algún acontecimiento.

    ▪ Infravalorar las propias capacidades.

  • Análisis y discusión los pensamientos negativos, formulando cuestiones que valoren la objetividad del pensamiento y relativizar sus consecuencias.

  • Búsqueda de pensamientos más adecuados y racionales. Por ejemplo, el pensamiento negativo «Todo el mundo me odia» deberá ser sustituido por «Mi familia me quiere. Además, las personas no pueden caerle bien a todo el mundo».

– Identificación de respuestas asertivas, pasivas y agresivas.

– Ensayo de las respuestas adaptativas.

Trastorno del espectro del autismo

Las personas que padecen trastorno del espectro del autismo se caracterizan por presentar graves déficits en las habilidades de comunicación e interacción social, que se manifiestan con déficits en la reciprocidad socioemocional, en limitaciones en las conductas comunicativas no verbales y en dificultades para desarrollar, mantener y comprender relaciones.

El síndrome de Asperger es un conjunto de problemas cognitivas y conductuales que forma parte del trastorno del espectro del autismo. Las personas que padecen este síndrome presentan:

- Dificultades para la interacción social y relaciones.
- Déficits de comunicación.
- Falta de flexibilidad.
- Dificultades para adaptarse a las demandas sociales del entorno.
- Falta de habilidades sociales apropiadas.
- Capacidad limitada para participar en conversaciones.
- Dificultad para conocer las reglas implícitas que regulan las interacciones sociales.
- Dificultad para comprender los intereses, motivaciones y creencias de otras personas.
- Reacciones desproporcionadas ante situaciones confusas o ambiguas.
- Dificultades para recibir adecuadamente las críticas o correcciones.

Los programas de entrenamiento de las habilidades sociales destinados a personas que padecen trastorno del espectro del autismo, trabajan habitualmente las siguientes áreas:

- Comprensión de situaciones sociales.
- Aprendizaje de reglas sociales de interacción.
- Establecimiento de relaciones.
- Comprensión y expresión de las emociones.
- Habilidades conversacionales.
- Interpretación y uso de conductas no verbales.

Las principales estrategias utilizadas en los entrenamientos de habilidades sociales destinados a este colectivo son:

- Historia social (historietas): son cuentos cortos que incorporan dibujos simples o símbolos para describir conceptos, personas, habilidades, situaciones, etcétera.

- Guiones sociales: consisten en una descripción explícita de las secuencias de pasos que se deben seguir en una situación social determinada.

- Lista de reglas de comportamiento social.

- Práctica directa y estructurada en situaciones reales de juego.

- Técnicas de *role-playing*.

Discapacidad intelectual

El déficit en habilidades sociales es una característica definitoria de la discapacidad intelectual, ya que esta se entiende como un funcionamiento intelectual significativamente inferior a la media, que coexiste con limitaciones en diferentes áreas adaptativas, entre las que se incluyen las habilidades sociales.

La conducta social adecuada es dependiente del contexto, ya que está en función de las circunstancias, del momento y del lugar en que una persona interactúa. Las personas con discapacidad intelectual presentan dificultades para discriminar correctamente entre distintas situaciones sociales, teniendo problemas para identificar las circunstancias cambiantes en que es correcto o incorrecto realizar una determinada conducta.

Por ello, en el caso de las personas con discapacidad intelectual, es necesario realizar un entrenamiento en habilidades sociales, en el cual se establezcan unas reglas básicas generales, válidas para la mayor parte de los contextos y situaciones sociales.

En cuanto a los componentes no verbales, las personas con discapacidad intelectual presentan déficit en el contacto visual, la distancia interpersonal (proxemia), el contacto físico, la expresión facial y la postura corporal.

Algunos factores que pueden incidir negativamente en la adquisición y desarrollo de habilidades sociales en personas con discapacidad intelectual son:

- Comportamientos frente al rechazo social: las personas con discapacidad intelectual pueden emitir conductas sociales inapropiadas con el fin de ser aceptadas por un grupo.

- Falta de estimulación: ante la escasa estimulación que pueden recibir las personas con discapacidad intelectual, estas presentarán comportamientos estereotipados, careciendo de un repertorio de conductas sociales adaptativas.

RESUMEN

- Las habilidades sociales son comportamientos aprendidos que se manifiestan en situaciones de interacción social, orientados a la obtención de distintos objetivos, para lo cual han de adecuarse a las exigencias situacionales (García-Sáiz y Gil, 1992).

- Las habilidades sociales son comportamientos aprendidos que pueden mejorarse a través de las experiencias y entrenamientos adecuados.

- Las habilidades de comunicación se refieren a la capacidad para transmitir eficazmente información y comprender correctamente el mensaje que otras personas envían.

- Las habilidades de comunicación no verbal se refieren al uso de expresiones faciales, gestos, movimientos o posturas corporales para transmitir información.

- Las habilidades de comunicación verbal se refieren a la capacidad de codificar y descodificar los mensajes orales.

- Las principales habilidades de relación interpersonal son: escucha activa, empatía, asertividad y habilidades conversacionales.

- El estilo de comunicación asertivo es aquel que permite expresar las emociones y defender los propios intereses respetando las necesidades de los demás, sin adoptar una postura pasiva o agresiva.

- El entrenamiento en habilidades de comprensión y expresión de emociones se basa en el desarrollo de la capacidad de expresión de los propios sentimientos de modo apropiado, así como en la comprensión de los estados emocionales de los demás.

- La toma de decisiones es una habilidad necesaria para comportarse de manera socialmente adecuada. Por ello, deben entrenarse las destrezas implicadas en la toma de decisiones.

- Los déficits en las habilidades sociales de las personas con discapacidad varían en función del tipo de discapacidad y de la gravedad de la misma.

- El entrenamiento en habilidades sociales pretende conseguir objetivos como: fomentar la integración social, aumentar la competencia social, solucionar problemas interpersonales, mantener y mejorar relaciones sociales, prevenir desajustes sociales y emocionales, evitar el aislamiento social, prevenir situaciones de abuso y disminuir el estrés asociado a las situaciones interpersonales.

ACTIVIDADES DE AUTOEVALUACIÓN

2.1. Las habilidades sociales...

a) Son conductas aprendidas.

b) Son independientes de la situación o el contexto.

c) No se dirigen a conseguir determinados objetivos o refuerzos.

2.2. ¿Qué dimensión de las habilidades sociales engloba a las variables cognitivas?

a) Dimensión personal.

b) Dimensión situacional.

c) Dimensión conductual.

2.3. ¿Qué mecanismo de adquisición de las habilidades sociales se basa en la transmisión de información sobre el desempeño?

a) Modelado.

b) Reforzamiento.

c) Retroalimentación.

2.4. Señala la opción correcta en relación con la comunicación no verbal:

a) Acontece de manera inevitable.

b) Es fácil de controlar.

c) En caso de incongruencia entre el mensaje verbal y la comunicación no verbal, suele primar el primero.

2.5. ¿Cuál de las siguientes habilidades es necesaria para entablar, mantener y finalizar una conversación con otra persona?

a) Asertividad.

b) Empatía.

c) Habilidades conversacionales.

2.6. ¿Qué caracteriza al estilo comunicativo agresivo?

a) La defensa los propios intereses y deseos, y por expresar los sentimientos y opiniones sin tener en cuenta a los demás.

b) La defensa de los propios intereses y deseos, respetando los de los demás.

c) No expresar lo que siente o quiere.

2.7. ¿Qué tipo de discapacidad presenta limitaciones para adquirir un repertorio adecuado de habilidades sociales por las dificultades para aprender por imitación?

a) Discapacidad intelectual.

b) Discapacidad sensorial.

c) Discapacidad física.

2.8. ¿Cuál de los siguientes trastornos mentales se caracteriza por presentar inadecuación en la conducta social?

a) Ansiedad.

b) Trastorno esquizoide de la personalidad.

c) Trastorno obsesivo-compulsivo.

2.9. ¿Cómo se denomina la técnica que consiste en la identificación y corrección de los patrones de pensamiento negativo?

a) Modelado.

b) Moldeamiento.

c) Reestructuración cognitiva.

2.10. ¿Qué factores que pueden incidir negativamente en la adquisición y desarrollo de habilidades sociales en personas con discapacidad intelectual?

a) El exceso de estimulación.

b) Los comportamientos frente al rechazo social.

c) Las interacciones con iguales.

ACTIVIDADES DE APLICACIÓN

2.1. Señala si las siguientes afirmaciones son verdaderas o falsas:

	V	F
a. Las habilidades sociales son conductas aprendidas.		
b. Los comportamientos socialmente habilidosos no dependen de la situación.		
c. Las habilidades sociales son comportamientos que se dirigen a conseguir determinados objetivos o refuerzos.		
d. Las habilidades sociales son comportamientos que se manifiestan en situaciones de interacción social.		

2.2. Tres compañeros acuerdan repartirse un trabajo de clase. El último día, uno de ellos comenta que no va a poder realizar su parte porque está enfermo. A continuación, se indican tres posibles respuestas. Indica a qué estilo comunicativo pertenece cada una de ellas.

  a. «Me da igual si estabas enfermo. Te comprometiste y no has cumplido. No se puede confiar en ti».

  b. «Es difícil trabajar estando enfermo. Yo haré tu parte del trabajo».

  c. «Es difícil trabajar estando enfermo. Te propongo que hablemos con el profesor para aplazar la entrega un día más y puedas realizar tu parte del trabajo».

2.3. Señala si las siguientes afirmaciones son verdaderas o falsas en relación con las habilidades sociales de las personas con discapacidad:

	V	F
a. Las deficiencias más relevantes en personas con discapacidad visual están relacionadas con los componentes paralingüísticos y no verbales de la comunicación.		
b. Las personas con discapacidad visual presentan mayor expresión facial y gestual que las personas sin discapacidad.		

Continúa en la página siguiente

	V	F
c. Las personas con discapacidades físicas sobrevenidas pueden presentar déficits en habilidades sociales derivados del aislamiento.		
d. El entrenamiento de habilidades sociales en personas que padecen trastornos mentales incluye generalmente técnicas de reestructuración cognitiva.		
e. No todas las personas que padecen trastorno del espectro del autismo presentan déficits en las habilidades de comunicación e interacción social.		
f. Las personas que padecen el síndrome de Asperger no presentan dificultades para conocer las reglas implícitas que regulan las interacciones sociales.		
g. La falta de estimulación que pueden recibir las personas con discapacidad intelectual incide negativamente en el desarrollo de habilidades sociales.		

CASO PRÁCTICO

Desarrollo de las habilidades sociales para la inserción sociolaboral de una persona con discapacidad

Contexto:

María tiene 32 años y ha sido diagnosticada con trastorno del espectro autista (TEA) de alto funcionamiento. María posee un título universitario en Administración de Empresas y busca activamente empleo en su campo. A pesar de sus habilidades académicas, enfrenta dificultades significativas en la interacción social y en la comunicación, lo que ha limitado sus oportunidades laborales. Actualmente, participa en un programa de formación laboral para personas con discapacidad.

Información adicional sobre María:

- Comunicación verbal: María tiene un vocabulario amplio y puede expresarse de manera coherente, pero le cuesta mantener el contacto visual y entender las señales no verbales.

- Comunicación no verbal: presenta dificultades para interpretar gestos, expresiones faciales y el tono de voz de los demás.

- Interacción social: tiende a evitar situaciones sociales y puede sentirse incómoda en grupos grandes. Prefiere la interacción uno a uno.

- Entorno laboral: ha realizado prácticas profesionales en varias empresas, pero ha tenido problemas para integrarse en los equipos de trabajo debido a sus dificultades sociales.

Como especialista en inserción sociolaboral de personas con discapacidad, te encargan las siguientes tareas:

- Evaluar las habilidades sociales y de comunicación actuales de María.
- Identificar las áreas clave de mejora en sus habilidades sociales y de comunicación.
- Proponer un plan de intervención para desarrollar estas habilidades y facilitar su inserción sociolaboral.

Actividades:

Desarrolla una escala de valoración para evaluar las habilidades sociales y de comunicación de María. Incluye indicadores y preguntas sobre los siguientes ámbitos:

- Comunicación verbal:

  • Capacidad para iniciar y mantener conversaciones.

  • Uso adecuado del tono de voz y del lenguaje en diferentes contextos.

- Comunicación no verbal:
    - Capacidad para mantener el contacto visual durante las conversaciones.
    - Interpretación de gestos y expresiones faciales.
- Interacción social:
    - Participación en actividades grupales y colaborativas.
    - Capacidad para trabajar en equipo y construir relaciones laborales positivas.
- Manejo de situaciones conflictivas:
    - Habilidad para resolver conflictos de manera asertiva.
    - Capacidad para recibir y dar *feedback* constructivo.

Responde a las siguientes preguntas:
- ¿Cuáles son las fortalezas y debilidades de María en términos de comunicación verbal y no verbal?
- ¿Cómo se desempeña María en situaciones de interacción social en el entorno laboral?
- Identifica y describe las áreas específicas en las que María necesita mejorar sus habilidades sociales y de comunicación para su inserción sociolaboral.
- ¿Qué factores ambientales y personales podrían estar afectando las habilidades sociales de María?

Propuesta de intervención:
- Desarrolla un plan de intervención para mejorar las habilidades sociales y de comunicación de María. Incluye actividades específicas y métodos de entrenamiento, como *role-playing,* grupos de apoyo, talleres de habilidades sociales, etcétera.
    - Ejemplo de actividades de entrenamiento:
        - *Role-playing*: simular entrevistas de trabajo, reuniones laborales y otras interacciones sociales comunes en el entorno laboral.
        - Talleres de habilidades sociales: talleres semanales donde se practiquen habilidades específicas como la resolución de conflictos, el trabajo en equipo y la comunicación efectiva.
        - Grupos de apoyo: participación en grupos de apoyo para personas con TEA donde se puedan compartir experiencias y estrategias de manejo de situaciones sociales.

- Tecnología asistencial: uso de aplicaciones y dispositivos que ayuden a María a interpretar señales no verbales y mejorar su comunicación.

- ¿Qué recursos (humanos, materiales, tecnológicos) serían necesarios para implementar este plan?

- Diseña un plan de seguimiento para evaluar el progreso de María en el desarrollo de sus habilidades sociales y de comunicación.

- ¿Qué indicadores de éxito y metas a corto y largo plazo propondrías para este plan?

GLOSARIO

Asertividad: capacidad de expresar pensamientos, sentimientos y necesidades de manera clara, directa y respetuosa, defendiendo los propios derechos sin agredir ni someterse a los demás.

Comunicación no verbal: proceso de transmitir información y emociones sin el uso de palabras, mediante gestos, expresiones faciales, postura, contacto visual y otros elementos físicos.

Comunicación verbal: intercambio de información y pensamientos a través de palabras habladas o escritas, utilizando un lenguaje estructurado y comprensible.

Empatía: habilidad para comprender y compartir los sentimientos y perspectivas de otra persona, poniéndose en su lugar emocionalmente.

Habilidades de comunicación: conjunto de capacidades que permiten a una persona transmitir y recibir mensajes de manera efectiva, incluyendo la escucha activa, la claridad expresiva y la interpretación adecuada de señales verbales y no verbales.

Habilidades de relación interpersonal: competencias que facilitan la interacción positiva y efectiva con otras personas, como la empatía, la cooperación, la resolución de conflictos y la asertividad.

Habilidades sociales: conjunto de destrezas que permiten a las personas interactuar de manera exitosa y adecuada en diversas situaciones sociales, facilitando relaciones saludables y satisfactorias.

Refuerzo (aprendizaje): técnica utilizada en el aprendizaje y modificación de comportamiento que implica la aplicación de un estímulo positivo (refuerzo positivo) o la eliminación de un estímulo negativo (refuerzo negativo) para aumentar la probabilidad de que una conducta se repita.

Toma de decisiones: proceso de identificar y elegir entre diversas opciones o cursos de acción, basado en la evaluación de la información disponible, los posibles resultados y las preferencias personales.

MAPA CONCEPTUAL

DESARROLLO DE LAS HABILIDADES SOCIALES PARA LA INSERCIÓN SOCIOLABORAL DE PERSONAS CON DISCAPACIDAD

HABILIDADES SOCIALES

- Habilidades de comunicación verbal y no verbal.
- Habilidades de relación interpersonal.
- Habilidades de comprensión y expresión de emociones.
- Toma de decisiones.

HABILIDADES SOCIALES Y DISCAPACIDAD: OBJETIVOS

- Fomentar la integración social e inclusión en entornos normalizados.
- Aumentar la competencia social y solucionar problemas interpersonales.
- Mantener y mejorar relaciones sociales.
- Prevenir desajustes sociales y emocionales.
- Evitar el aislamiento social.
- Prevenir situaciones de abuso.
- Disminuir el estrés asociado a las situaciones interpersonales.

3. Técnicas básicas de promoción de las habilidades sociales para personas con discapacidad

Contenido

El entrenamiento en habilidades sociales (EHS) pretende aumentar las conductas sociales adaptativas y desarrollar las habilidades necesarias para que se produzcan interacciones interpersonales adecuadas. Para ello, existen diversas técnicas como:

- Análisis y refuerzo de conductas apropiadas a las situaciones sociales.

- Aprendizaje social: modelado.

- Juego de roles (*role-playing*).

- Ayudas visuales (pictogramas y guiones sociales).

- Acciones destinadas a la generalización de las habilidades sociales aprendidas.

3.1. Análisis y refuerzo de conductas apropiadas a las situaciones sociales

El reforzamiento se basa en la administración de consecuencias para premiar un comportamiento adaptativo o castigar un comportamiento inapropiado. Reforzar las conductas sociales apropiadas aumentará la probabilidad de que estas se repitan.

Existen tres tipos de refuerzo:

- Refuerzo material: premios tangibles.

- Refuerzo social: aceptación y reconocimiento por parte de otras personas.

- Autorrefuerzo: evaluación positiva de la propia conducta.

Para conseguir que una persona adquiera un repertorio de conductas socialmente apropiadas, se deberán administrar consecuencias a sus comportamientos, como:

- Reforzamiento positivo: tras la emisión de la conducta apropiada, la persona obtiene alguna consecuencia agradable.

- Reforzamiento negativo: tras la emisión de la conducta apropiada, desaparece algo desagradable para la persona.

- Castigo positivo: tras la emisión de la conducta inapropiada, la persona obtiene alguna consecuencia desagradable o indeseable.

– Castigo negativo: tras la emisión de la conducta inapropiada, la persona deja de recibir algo agradable.

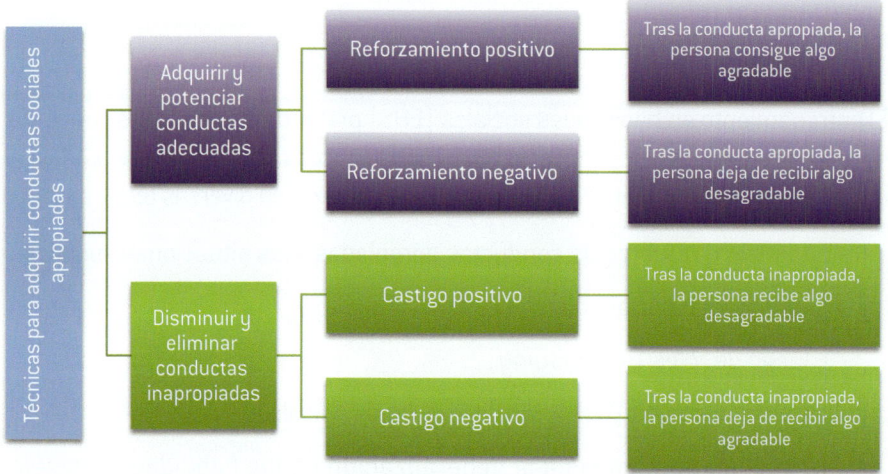

3.2. Aprendizaje social. Modelado

La teoría del aprendizaje social de Albert Bandura, descrita principalmente en su obra *Aprendizaje social y desarrollo de la personalidad* (1963), se basa en la afirmación de que se pueden aprender comportamientos y conductas sociales a través de la observación. Es decir, el observador aprende de la experiencia ajena (otra persona realiza la acción y experimenta sus consecuencias). Este tipo de aprendizaje se denomina «modelado».

El modelado es «un proceso de aprendizaje observacional en el que la conducta de un individuo o grupo (el modelo) actúa como un estímulo para generar conductas, pensamientos o actitudes semejantes en otras personas que observan la actuación del modelo» (Perry y Furukawa, 1986).

A través del modelado, se pretenden instaurar conductas socialmente habilidosas en personas con discapacidad, mediante la observación de una situación social (modelo) protagonizada por uno o varios actores. Los modelos pueden presentarse de diversas maneras:

– En vivo (representación de papeles por parte de actores).

– Mediante grabaciones.

– Utilizando caracteres imaginarios (marionetas, muñecos, dibujos…).

– Presentación verbal de los modelos.

Existen tres tipos de aprendizaje por modelado:

- Aprendizaje por observación: la persona adquiere nuevos repertorios de conductas (que no había emitido previamente) por la observación del modelo.

- Inhibición y desinhibición: consiste en la disminución o aumento de conductas que la persona llevaba a cabo.

  - El efecto de la inhibición consiste en disminuir la frecuencia de emisión de una conducta que era habitual antes del modelado.

  - El efecto de desinhibición es el aumento de la frecuencia de una conducta que la persona emitía con baja frecuencia antes del entrenamiento.

- Facilitación de conductas: se basa en la potenciación de conductas aprendidas con anterioridad y que no se emiten por falta de estímulos.

3.3. Juego de roles (*role-playing*)

Un juego de roles (o *role-playing*) consiste en una situación en la que se solicita a una persona que represente un papel y se comporte de acuerdo al rol asignado. Las modalidades de esta técnica son:

- Ensayo real: *role-playings* en los se describe una situación social y se solicita a las personas participantes que emitan una conducta apropiada. Cuanto más parecidas sean las interacciones a las situaciones reales, existirá mayor probabilidad de generalización.

– Ensayo encubierto: visualización o imaginación de una escena donde la persona emita las conductas sociales apropiadas.

Algunos autores, como Goldstein (1980), comprobaron que las personas que representaban papeles o roles modificaban sus conductas y actitudes en mayor medida que el resto de personas en relación con diferentes variables (habilidades sociales, habilidades para resolver conflictos, actitudes, juicios éticos...).

Ejemplo de entrenamiento de habilidades sociales

Fase 1: Modelado.

El objetivo de esta fase es instaurar conductas socialmente habilidosas mediante la observación de una situación social (modelo) protagonizada por varios actores en vivo.

En la fase de modelado los actores pondrán en práctica dos técnicas asertivas:

– Disco rayado: esta estrategia se basa en repetir insistentemente, pero con tranquilidad, el propio punto de vista, hasta que la otra persona ceda o intente llegar a un acuerdo común.

– Banco de niebla: esta estrategia asertiva se basa se reconocer parte de la razón de la postura de la otra persona, pero manteniéndose en la postura propia, para no contraatacar de manera agresiva.

Fase 2: *Role-playing*

– Se describe una situación social.

– Se reparten papeles:

• Persona con estilo agresivo.

• Persona con estilo pasivo.

• Persona con estilo asertivo.

– Se solicita a las personas que resuelvan el problema planteado comportarse de acuerdo con el rol asignado.

3.4. Ayudas visuales aplicadas al entrenamiento de las habilidades sociales: pictogramas, guiones sociales

En algunos casos, para el entrenamiento en habilidades sociales de las personas con discapacidad es necesario utilizar ayudas visuales, como pictogramas y guiones sociales (*scripts*).

Pictogramas

Un pictograma es un signo que representa un objeto real o concepto, para dar informaciones o señalizar algo superando las barreras del lenguaje.

En el caso de personas con discapacidad que presenten déficits en la comunicación oral y escrita, se utilizan pictogramas como sistemas alternativos o aumentativos de comunicación. De esta manera, las imágenes se utilizan para expresar objetos, ideas, conceptos, sentimientos, etcétera., permitiendo la comprensión del entorno y la comunicación con otras personas.

Guiones sociales

Los guiones sociales consisten en una descripción explícita (visual) de las secuencias de pasos que se van a realizar en una situación social específica. De esta manera, se muestra a la persona cómo debe comportarse en una situación concreta y qué conductas se esperan de ella.

Los pictogramas se elaboran siguiendo una serie de reglas básicas como:

- Se redactan en primera persona (por ejemplo: «yo voy a la peluquería»).

- El lenguaje debe ser sencillo y claro.

- Incluir numerosas reiteraciones.

- La letra del texto debe ser grande.

Los guiones sociales pretenden:

- Explicar los motivos de los actos sociales: poner de manifiesto por qué se llevan a cabo determinadas conductas sociales (por qué se saluda, se respeta el turno, se celebra un cumpleaños, etcétera).

- Describir la estructura básica del acto social: orden de los acontecimientos, respuestas o conductas apropiadas en cada momento...

- Mostrar las habilidades sociales implicadas.

- Mostrar las consecuencias emocionales y conductuales de actuaciones: por ejemplo «si saludo a una persona, esta se pone contenta y me devolverá el saludo».

La mayoría de las personas que padecen trastorno del espectro del autismo disponen de sistemas de comunicación basados en pictogramas y guiones sociales.

3.5. Otras

Otras de las técnicas para el desarrollo de habilidades sociales son los programas destinados a la generalización de las habilidades aprendidas, como son:

– Autoinstrucciones: es un procedimiento de autorregulación verbal mediante el cual la persona se da a sí misma una serie de órdenes o instrucciones para el automanejo de su propia conducta.

– Autocontrol: supone entrenar una serie de estrategias que permiten a la persona reaccionar de manera controlada ante las diversas situaciones y contextos.

– Autorregistros: son herramientas que permiten a la persona anotar y registrar su propia conducta para poder analizarla.

– Integración en el entrenamiento de personas del entorno.

Ejemplo de hoja de autorregistro				
Día/hora	Situación/ contexto	Pensamiento: ¿Qué pienso?	Emoción: ¿Qué siento?	Conducta: ¿Qué hago?
dd/mm/aaaa hh:mm	Describir qué sucede, en qué lugar, en presencia de qué personas…	Describir qué pensamientos tuvo en dicha situación.	Especificar qué emociones sintió (tristeza, miedo, angustia, rabia…) y cuál fue su intensidad.	Detallar qué conducta puso en marcha, cuánto duró el comportamiento y qué consecuencias obtuvo.
…	…	…	…	…
…	…	…	…	…

Los programas orientados a la generalización de habilidades sociales tienen como objetivo la manifestación del comportamiento social apropiado aprendido en las sesiones de entrenamiento en momentos posteriores, en contextos variados y en situaciones interpersonales diferentes.

Las actuaciones dirigidas a la generalización de las habilidades sociales aprendidas se dividen en:

– Estrategias durante las sesiones de entrenamiento:

• Realizar entrenamientos en grupo.

- Reiterar los ensayos hasta que las conductas entrenadas se conviertan en habituales.

- Aplicar, de forma complementaria, técnicas de autoinstrucciones.

- Introducir tantas variaciones como sea posible: plantear diferentes situaciones sociales y contextos, así como interlocutores con distintas características (edad, sexo...).

- Entrenar habilidades sociales que sean útiles en el entorno real de la persona y que solucionen problemas interpersonales reales.

– Estrategias centradas en el ambiente real: consisten en tareas similares a las entrenadas en las sesiones y que se programan para ser realizadas en el entorno real de la persona. Para el análisis de estas estrategias, se recomienda el uso de autorregistros que permitan valorar si se han emitido las conductas apropiadas y con qué frecuencia.

RESUMEN

- El entrenamiento en habilidades sociales (EHS) pretende aumentar las conductas sociales adaptativas y desarrollar las habilidades necesarias para que se produzcan interacciones interpersonales adecuadas.

- Las principales técnicas de promoción de las habilidades sociales para personas con discapacidad son: análisis y refuerzo de conductas apropiadas a las situaciones sociales, modelado, juego de roles (*role-playing*), ayudas visuales (pictogramas y guiones sociales) y acciones destinadas a la generalización de las habilidades sociales aprendidas.

- El reforzamiento se basa en la administración de consecuencias para premiar un comportamiento adaptativo o castigar un comportamiento inapropiado.

- El modelado es un proceso de aprendizaje observacional en el que la conducta de un modelo actúa como un estímulo para generar conductas, pensamientos o actitudes semejantes en otras personas que observan la actuación del mismo.

- Un juego de roles (o *role-playing*) consiste en una situación en la que se solicita a una persona que represente un papel y se comporte de acuerdo con el rol asignado. Las modalidades de esta técnica son: ensayo real y ensayo encubierto.

- Un pictograma es un signo que representa un objeto real o concepto, para dar informaciones o señalizar algo superando las barreras del lenguaje.

- Los guiones sociales consisten en una descripción explícita y visual de las secuencias de pasos que se van a realizar en una situación social específica. Se muestra a la persona cómo debe comportarse en una situación concreta y qué conductas se esperan de ella.

- Algunas técnicas destinadas a la generalización de las habilidades sociales aprendidas son: autoinstrucciones, autocontrol, autorregistros e integración en el entrenamiento de personas del entorno.

ACTIVIDADES DE AUTOEVALUACIÓN

3.1. ¿Cómo se denomina la técnica basada en la administración de consecuencias para premiar un comportamiento adaptativo o castigar un comportamiento inapropiado?

a) Modelado.

b) Reforzamiento.

c) *Role-playing.*

3.2. Si tras la emisión de la conducta apropiada, la persona obtiene alguna consecuencia agradable, se ha administrado un...

a) Reforzamiento positivo.

b) Castigo positivo.

c) Reforzamiento negativo.

3.3. Si tras la emisión de la conducta inapropiada la persona deja de recibir algo agradable, se ha administrado un...

a) Reforzamiento negativo.

b) Castigo positivo.

c) Castigo negativo.

3.4. ¿Qué tipo de aprendizaje por modelado debería utilizarse para potenciar conductas aprendidas con anterioridad y que no se emiten por falta de estímulos?

a) Facilitación de conductas.

b) Inhibición de conductas.

c) Desinhibición de conductas.

3.5. ¿Cómo se denomina la modalidad de *role-playing* en el que la persona se imagina una escena donde emite las conductas sociales apropiadas?

a) Ensayo en vivo.

b) Ensayo encubierto.

c) Ensayo guiado.

3.6. Señala la opción correcta en relación con los guiones sociales:

a) Consisten en una descripción escrita de las secuencias de pasos que se deben realizar en una situación social específica.

b) Se redactan en tercera persona.

c) Muestran a la persona cómo debe comportarse en una situación concreta y qué conductas se esperan de ella.

3.7. ¿Cómo se denomina el procedimiento de autorregulación verbal mediante el cual la persona se da a sí misma una serie de órdenes para el automanejo de su propia conducta?

a) Autoinstrucciones.

b) Autorregistros.

c) Autocontrol.

3.8. Señala la opción correcta en relación con los pictogramas:

a) Son signos que representan objetos reales y tangibles (no conceptos).

b) Se utilizan como sistemas alternativos o aumentativos de comunicación.

c) No permiten superar las barreras del lenguaje.

ACTIVIDADES DE APLICACIÓN

3.1. Señala si las siguientes afirmaciones son verdaderas o falsas en relación con el modelado:

	V	F
a. A través del aprendizaje por observación, la persona adquiere nuevos repertorios de conductas por la observación del modelo.		
b. La facilitación de conductas se basa en el aprendizaje de comportamientos que la persona no había emitido previamente.		
c. El efecto de la inhibición consiste en aumentar la frecuencia de emisión de una conducta que era habitual antes del modelado.		
d. El efecto de desinhibición es el aumento de la frecuencia de una conducta que la persona emitía con alta frecuencia antes del entrenamiento.		

CASO PRÁCTICO

Promoción de las habilidades sociales para persona con discapacidad

Contexto:

Pedro tiene 25 años y ha sido diagnosticado con trastorno del espectro autista (TEA). Ha finalizado un curso de formación profesional en informática y está preparándose para acceder a su primer empleo en una empresa de desarrollo de software. Aunque Pedro tiene excelentes habilidades técnicas, presenta dificultades significativas en sus habilidades sociales, lo que podría afectar su integración en el entorno laboral.

Información adicional sobre Pedro:

— Comunicación verbal: Pedro puede comunicarse verbalmente, pero suele ser muy literal y tiene dificultades para comprender el sarcasmo o las bromas.

— Comunicación no verbal: presenta dificultades para interpretar las expresiones faciales, el contacto visual y los gestos de los demás.

— Interacción social: se siente incómodo en situaciones sociales y prefiere trabajar solo. Le cuesta iniciar conversaciones y mantener una conversación fluida.

— Entorno laboral: la empresa tiene un ambiente de trabajo colaborativo, por lo que Pedro necesitará interactuar con compañeros y participar en reuniones de equipo.

Como especialista en inserción sociolaboral de personas con discapacidad, te encargan las siguientes tareas:

— Evaluar las habilidades sociales actuales de Pedro.
— Identificar áreas clave de mejora en sus habilidades sociales.
— Proponer técnicas y ayudas visuales para promover sus habilidades sociales y facilitar su integración laboral.

Actividades:

Desarrolla un plan de intervención para mejorar las habilidades sociales de Pedro. Incluye técnicas específicas y ayudas visuales, como pictogramas y guiones sociales.

— Identifica y describe las áreas específicas en las que Pedro necesita mejorar sus habilidades sociales y de comunicación para su inserción sociolaboral.

— Describe qué factores ambientales y personales podrían estar afectando las habilidades sociales de Pedro.

- Señala qué recursos (humanos, materiales, tecnológicos) serían necesarios para implementar este plan.

- ¿Qué tipo de ayudas visuales podrían aplicarse al entrenamiento de las habilidades sociales de Pedro?

- Describe cómo podrían usarse los pictogramas y los guiones sociales en este contexto

Utilizando una herramienta *online* de creación de pictogramas, desarrolla ejemplos específicos de pictogramas o guiones sociales que podrían ser útiles para Pedro en su entorno laboral.

- Pictogramas que representen diferentes expresiones faciales y gestos para ayudar a Pedro a interpretar el lenguaje no verbal de sus compañeros y supervisores.

- Guiones sociales que describan situaciones comunes en el entorno laboral, como cómo saludar a los compañeros, participar en reuniones o pedir ayuda cuando la necesite.

GLOSARIO

Análisis de la conducta: método científico utilizado para observar, describir, analizar y modificar el comportamiento humano, basándose en los principios del aprendizaje y la conducta observable.

Autocontrol: habilidad para regular y gestionar las propias emociones, pensamientos y comportamientos, manteniendo la calma y la autodisciplina en situaciones desafiantes.

Autorregistro: técnica de autocontrol en la que una persona observa y registra sus propios comportamientos, pensamientos o emociones, con el fin de identificar patrones y promover cambios positivos.

Castigo negativo: técnica de modificación de conducta que implica la retirada de un estímulo positivo o deseado tras la ocurrencia de un comportamiento indeseado, con el objetivo de disminuir la probabilidad de que dicho comportamiento se repita.

Castigo positivo: técnica de modificación de conducta que implica la presentación de un estímulo aversivo o no deseado tras la ocurrencia de un comportamiento indeseado, con el objetivo de disminuir la probabilidad de que dicho comportamiento se repita.

Entrenamiento en habilidades sociales: proceso de enseñanza y práctica de competencias sociales específicas, como la comunicación efectiva, la resolución de conflictos y la asertividad, para mejorar la interacción y las relaciones interpersonales.

Juego de roles (*role-playing*): técnica de aprendizaje y entrenamiento en la que las personas representan diferentes papeles o situaciones para practicar y mejorar habilidades específicas, como la comunicación y la resolución de problemas.

Modelado: técnica de aprendizaje en la que se adquieren nuevas conductas observando e imitando el comportamiento de un modelo o referente, que puede ser una persona en vivo o a través de medios visuales.

Pictograma: imagen o símbolo gráfico que representa un objeto, acción o concepto, utilizado frecuentemente para facilitar la comunicación visual, especialmente en personas con dificultades de lectura o lenguaje.

Refuerzo (de conductas): técnica de modificación de comportamiento que implica la aplicación de estímulos positivos (refuerzo positivo) o la eliminación de estímulos negativos (refuerzo negativo) para aumentar la probabilidad de que una conducta deseada se repita.

Reforzamiento negativo: técnica de modificación de conducta que consiste en la eliminación de un estímulo aversivo tras la ocurrencia de una conducta deseada, aumentando así la probabilidad de que dicha conducta se repita.

Reforzamiento positivo: técnica de modificación de conducta que consiste en la presentación de un estímulo positivo tras la ocurrencia de una conducta deseada, aumentando así la probabilidad de que dicha conducta se repita.

MAPA CONCEPTUAL

TÉCNICAS BÁSICAS DE PROMOCIÓN DE LAS HABILIDADES SOCIALES PARA PERSONAS CON DISCAPACIDAD

ANÁLISIS Y REFUERZO DE CONDUCTAS APROPIADAS A LAS SITUACIONES SOCIALES

– Refuerzo material: premios tangibles.
– Refuerzo social: aceptación y reconocimiento por parte de otras personas.
– Autorrefuerzo: evaluación positiva de la propia conducta.

APRENDIZAJE SOCIAL. MODELADO

– Aprendizaje por observación.
– Inhibición y desinhibición.
– Facilitación de conductas.

JUEGO DE ROLES (*ROLE-PLAYING*)

– Ensayo real.
– Ensayo encubierto.

AYUDAS VISUALES APLICADAS AL ENTRENAMIENTO DE LAS HABILIDADES SOCIALES

– Pictogramas.
– Guiones sociales.

OTRAS

– Autoinstrucciones.
– Autocontrol.
– Autorregistros.
– Integración en el entrenamiento de personas del entorno.

4. Conducta social en el entorno laboral

Contenido

El trabajo es un factor clave para la integración y normalización de las personas con discapacidad. Sus ventajas van más allá de la independencia económica, teniendo beneficios como:

- Actuar como fuente de autorrealización y autoestima.
- Proporcionar oportunidades para la interacción, comunicación y contacto social.
- Estructurar el tiempo de las actividades cotidianas, creando hábitos.
- Favorecer el desarrollo de destrezas y habilidades.
- Facilitar la integración de normas, creencias, valores, expectativas...
- Participar activamente en la comunidad.

Para integrarse en los entornos laborales, las personas deben disponer de un repertorio de conductas socialmente adaptativas en este ámbito. Estas conductas sociales son aquellas que permiten, en el entorno laboral, la adecuada interacción con compañeros, jefes, clientes, etcétera., así como la resolución de problemas interpersonales.

Algunas personas están capacitadas técnicamente en un área laboral determinada, pero, sin embargo, carecen de un repertorio conductual adecuado para el cumplimiento de las normas implícitas propias del mundo laboral, y esa carencia las convierte en personas difícilmente empleables.

Para evaluar el desempeño social de las personas con discapacidad en el entorno laboral, pueden establecerse categorías como:

- Iniciar, mantener y finalizar conversaciones.
- Expresar sentimientos.
- Negociar.
- Afrontar críticas.
- Expresar críticas.
- Petición de información y/o ayuda.
- Negación ante peticiones.
- Expresar valoraciones u opiniones.

- Aceptar valoraciones u opiniones.
- Aceptación y cumplimiento de normas sociales implícitas y explícitas.

4.1. Normas sociales implícitas en los entornos laborales

Las normas sociales se entienden como el conjunto de expectativas que tiene la sociedad en relación con el comportamiento y que sirven como guía para distinguir las conductas correctas (o aceptadas socialmente) de las incorrectas (rechazadas por la sociedad).

Las normas sociales, que pueden ser implícitas o explícitas, se basan en valores y creencias de la sociedad y van evolucionando a lo largo del tiempo.

Las normas sociales explícitas hacen referencia a la regulación de los derechos y obligaciones de los trabajadores, mientras que las normas implícitas son aquellas reglas «no escritas», pero que deben cumplirse para adaptarse al entorno laboral. Algunos ejemplos de normas sociales implícitas en los entornos laborales son:

- Cuidar el aspecto y la imagen personal (acudir al trabajo con la vestimenta adecuada, peinado, aseado...).
- Tratar de manera respetuosa y cortésmente a los superiores, compañeros, clientes, etcétera.
- Escuchar activamente y respetar el turno de palabra.
- Utilizar un lenguaje apropiado.
- Tener pautas de comportamiento adecuadas a la situación (no fumar, no comer durante las horas de trabajo, etcétera).
- Mantener una distancia personal adecuada con las demás personas.
- Comprender y respetar la estructura jerárquica.

4.2. Relaciones interpersonales y resolución de conflictos interpersonales

En el desempeño de un puesto de trabajo, es casi inevitable la aparición de algunos conflictos interpersonales. Los problemas que implican la interacción entre personas son complejos, con múltiples demandas, abiertos a muchos puntos de vista y tienen varias soluciones posibles (Wehmayer y Kelchner, 1994).

Las estrategias para la resolución de conflictos interpersonales son habilidades (cognitivas y conductuales) que capacitan a las personas para enfrentarse al entorno social e interactuar con otras personas.

Existen diferentes formas de resolver conflictos interpersonales, debiendo entrenar a las personas con discapacidad en las estrategias de resolución más adecuadas en cada situación. Thomas y Killman (1974) propusieron cinco maneras de comportarse en situaciones conflictivas, basándose en dos dimensiones:

- Asertividad: tendencia a satisfacer los intereses y necesidades propios.

- Cooperación: tendencia a facilitar la satisfacción de las necesidades e intereses de los demás.

Los cinco estilos de comportamiento identificados por Thomas y Killman son:

- Estilo competitivo: alta asertividad y baja cooperación. Este estilo de resolución de conflictos se caracteriza por la búsqueda de la satisfacción de los intereses propios, sin considerar las necesidades de los demás.

- Estilo colaborativo: alta asertividad y alta cooperación. Este estilo integrador busca encontrar la solución que mejor satisfaga las necesidades de ambas partes.

- Estilo de compromiso: asertividad media y cooperación media. Es un punto intermedio entre asertividad y cooperación, persiguiendo una solución parcialmente aceptable para ambas partes.

- Estilo evitativo: baja asertividad y baja cooperación. Este estilo no afronta el conflicto, retirándose o negando la existencia del mismo.

- Estilo complaciente o acomodativo: baja asertividad y alta cooperación. Este estilo resta importancia a sus propios intereses con el fin de satisfacer los de la otra parte.

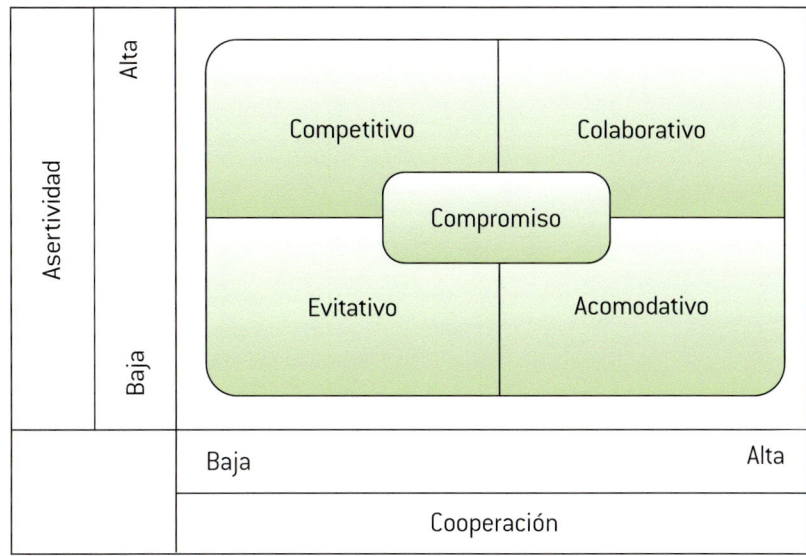

El entrenamiento en técnicas de resolución de conflictos implica desarrollar las destrezas necesarias para:

- Reconocer la existencia del conflicto.

- Analizar la situación y las causas.

- Examinar las emociones implicadas.

- Negociar y buscar soluciones aceptables por todas las partes intervinientes en el conflicto.

Para manejar los conflictos interpersonales se necesitan varias habilidades, como:

- Empatía: habilidad para comprender el estado emocional de la otra persona.

- Escucha activa: capacidad de centrarse en el mensaje que emite la otra persona, prestando atención a la comunicación verbal y no verbal, sin interrumpir, juzgar o rechazar.

- Habilidades comunicativas que permitan expresar los deseos y necesidades propias, así como aceptar las opiniones de los demás.

- Habilidades para generar alternativas y posibles soluciones, así como para evaluar las consecuencias de las distintas alternativas.

- Autocontrol emocional.

RESUMEN

- Para integrarse en los entornos laborales, las personas con discapacidad deben disponer de un repertorio de conductas socialmente adaptativas en este ámbito.

- Algunas conductas sociales en el entorno laboral son: iniciar, mantener y finalizar conversaciones, expresar sentimientos, negociar, afrontar y expresar críticas, pedir información y/o ayuda, negación ante peticiones, expresar y aceptar valoraciones u opiniones, aceptar y cumplir las normas sociales implícitas y explícitas, etcétera.

- Las normas sociales se entienden como el conjunto de expectativas que tiene la sociedad en relación con el comportamiento y que sirven como guía para distinguir las conductas correctas (o aceptadas socialmente) de las incorrectas (rechazadas por la sociedad).

- Las normas sociales explícitas hacen referencia a la regulación de los derechos y obligaciones de los trabajadores, mientras que las normas implícitas son aquellas reglas «no escritas», pero que deben cumplirse para adaptarse al entorno laboral.

- Las estrategias para la resolución de conflictos interpersonales son habilidades (cognitivas y conductuales) que capacitan a las personas para enfrentarse al entorno social e interactuar con otras personas.

- Existen diferentes formas de resolver conflictos interpersonales, debiendo entrenar a las personas con discapacidad en las estrategias de resolución más adecuadas en cada situación.

ACTIVIDADES DE AUTOEVALUACIÓN

4.1. Señala la opción correcta en relación con las normas sociales:

 a) Son el conjunto de expectativas que tiene la persona en relación con el comportamiento.

 b) Sirven como guía para distinguir las conductas correctas de las incorrectas.

 c) No evolucionan con el paso del tiempo.

4.2. ¿Qué son las normas sociales implícitas?

 a) Las normas que hacen referencia a la regulación de los derechos y obligaciones de los trabajadores.

 b) Las normas no escritas que deben cumplirse para adaptarse a la sociedad.

 c) Las normas escritas que deben cumplirse obligatoriamente.

4.3. Utilizar un lenguaje apropiado en el trabajo es una norma...

 a) Implícita.

 b) Explícita.

 c) No es una norma.

4.4. ¿Qué caracteriza al estilo de resolución de conflictos colaborativo?

 a) Alta asertividad y baja cooperación.

 b) Asertividad media y cooperación media.

 c) Alta asertividad y alta cooperación.

4.5. ¿Qué estilo de resolución de conflictos se caracteriza por restar importancia a los propios intereses con el fin de satisfacer los de la otra parte?

 a) Evitativo.

 b) Acomodativo.

 c) Colaborativo.

ACTIVIDADES DE APLICACIÓN

4.1. Relaciona cada estilo de resolución de conflictos con su característica definitoria:

1. Estilo competitivo	a. La persona busca una solución parcialmente aceptable para ambas partes.
2. Estilo colaborativo	b. La persona busca satisfacer los intereses propios, sin considerar las necesidades de los demás.
3. Estilo de compromiso	c. La persona busca satisfacer los intereses de los demás.
4. Estilo acomodativo	d. La persona busca encontrar la solución que mejor satisfaga las necesidades de ambas partes.
5. Estilo evitativo	e. La persona no afronta el conflicto.

CASO PRÁCTICO

Análisis de conductas sociales apropiadas e inapropiadas en el entorno laboral

Contexto:

Ana tiene 27 años y ha sido contratada recientemente como auxiliar administrativa en una empresa de tecnología. Ana tiene una discapacidad de aprendizaje que afecta su capacidad para interpretar algunas normas sociales implícitas en el entorno laboral. Aunque es muy competente en sus tareas administrativas, ha recibido *feedback* de sus superiores y compañeros sobre algunas conductas sociales inapropiadas. La empresa se muestra muy comprometida a ayudar a Ana a mejorar sus habilidades sociales para que pueda integrarse plenamente en el equipo.

Información adicional sobre Ana:

- Aspecto e imagen personal: Ana a veces acude al trabajo con vestimenta informal y desaliñada.

- Trato a superiores y compañeros: Ana es muy directa en su comunicación, lo que algunos compañeros perciben como falta de cortesía.

- Escucha activa: tiende a interrumpir a los demás durante las reuniones y no siempre respeta el turno de palabra.

- Lenguaje apropiado: utiliza un lenguaje coloquial y, en ocasiones, inapropiado para el entorno laboral.

- Pautas de comportamiento: ha sido vista comiendo en su escritorio durante horas de trabajo y fumando en áreas no designadas.

- Distancia personal: a veces invade el espacio personal de sus compañeros al hablar.

- Comprensión de la jerarquía/organigrama de la empresa: no siempre sigue las líneas de comunicación establecidas y se dirige directamente a los altos cargos con asuntos menores.

Como especialista en inserción sociolaboral de personas con discapacidad, te encargan las siguientes tareas:

- Identificar conductas sociales apropiadas e inapropiadas en el entorno laboral de Ana.
- Analizar cómo estas conductas afectan la integración y desempeño laboral de Ana.
- Proponer estrategias para mejorar las conductas sociales de Ana.

Actividades:

Redacta un cuestionario para valorar diferentes conductas sociales en entornos laborales. A continuación, se muestran ejemplos de ítems que podrían incluirse:

- Cuidado del aspecto e imagen personal:
  - ¿Acude al trabajo con vestimenta adecuada al entorno laboral?
  - ¿Mantiene una buena higiene personal y una apariencia profesional?
- Trato respetuoso y cortés:
  - ¿Cómo se dirige a sus superiores y compañeros? ¿Utiliza un tono respetuoso y cortés?
  - ¿Cómo maneja la interacción con clientes y visitantes de la empresa?
- Escucha activa y respeto al turno de palabra:
  - ¿Escucha atentamente cuando otros están hablando?
  - ¿Respeta el turno de palabra durante las reuniones y conversaciones?
- Uso de lenguaje apropiado:
  - ¿Utiliza un lenguaje apropiado para el entorno profesional?
  - ¿Evita el uso de jerga coloquial o inapropiada en el trabajo?
- Pautas de comportamiento adecuadas a la situación:
  - ¿Sigue las normas de comportamiento establecidas, como no fumar y no comer durante las horas de trabajo?
  - ¿Cumple con las políticas de la empresa sobre el uso de áreas designadas para descanso y comida?
- Distancia personal adecuada:
  - ¿Mantiene una distancia personal adecuada cuando interactúa con compañeros y superiores?
  - ¿Respeta el espacio personal de los demás en el lugar de trabajo?
- Comprensión y respeto a la estructura jerárquica:
  - ¿Sigue las líneas de comunicación establecidas dentro de la empresa?
  - ¿Comprende y respeta la jerarquía de la organización en sus interacciones diarias?

Utilizando la información proporcionada, identifica las áreas clave donde Ana necesita mejorar sus conductas sociales.

Realiza una propuesta de intervención personalizada para Ana. Este plan debe incluir estrategias específicas para mejorar sus habilidades sociales en el trabajo.

- Haz una propuesta de actividades y recursos necesarios para implementar este plan (por ejemplo, talleres de habilidades sociales, mentoría, sesiones de *feedback* constructivo).

- Diseña un plan de seguimiento para evaluar el progreso de Ana en la mejora de sus conductas sociales.

- Establece indicadores de éxito y metas a corto y largo plazo.

Ejemplo de plan de intervención

Objetivos generales

1. Mejorar las habilidades sociales de Ana para facilitar su integración en el entorno laboral.
2. Asegurar que Ana comprende y respeta las normas sociales y jerárquicas de la empresa.
3. Promover un ambiente de trabajo respetuoso y colaborativo.

Objetivos específicos

1. Cuidar el aspecto e imagen personal:
   a. Acudir al trabajo con vestimenta y apariencia adecuadas.
   b. Mantener una buena higiene personal.
2. Trato respetuoso y cortés:
   a. Utilizar un tono respetuoso y cortés al interactuar con superiores, compañeros y clientes.
3. Escucha activa y respeto al turno de palabra:
   a. Escuchar atentamente y respetar el turno de palabra durante las reuniones y conversaciones.
4. Uso de lenguaje apropiado:
   a. Emplear un lenguaje profesional y evitar la jerga coloquial o inapropiada en el trabajo.
5. Pautas de comportamiento adecuadas a la situación:
   a. Seguir las normas de comportamiento establecidas, como no fumar y no comer durante las horas de trabajo.
6. Mantener una distancia personal adecuada:
   a. Respetar el espacio personal de los demás.
7. Comprensión y respeto a la estructura jerárquica:
   a. Seguir las líneas de comunicación establecidas dentro de la empresa y respetar la jerarquía organizacional.

Continúa en la página siguiente

Temporalización

Mes	Actividades
1	Evaluación inicial y establecimiento de objetivos individuales. Introducción de mentoría y sesiones de *feedback*.
2	Desarrollo de talleres y sesiones de *role-playing*.
3	Implementación de ayudas visuales.
4	Revisión de progresos y ajustes en las estrategias de intervención.
5	Continuación de mentoría y sesiones de *feedback*.
6	Evaluación final y revisión de los logros alcanzados. Planificación de seguimiento a largo plazo si es necesario.

Recursos necesarios para el desarrollo del plan de intervención

– Recursos humanos:
  • Preparador laboral o mentor.
  • Formador de talleres de habilidades sociales.
– Recursos materiales:
  • Pictogramas y guiones sociales.
  • Materiales para talleres (papel, bolígrafos, recursos multimedia).
  • Manuales o guías de comportamiento en el trabajo.
– Recursos tecnológicos:
  • Ordenador y proyector para presentaciones.
  • Aplicaciones o software para seguimiento y evaluación del progreso.

Indicadores de evaluación

Ámbito de actuación	Indicadores
Aspecto e imagen personal	Porcentaje de días que Ana acude al trabajo con vestimenta y apariencia adecuadas. Observaciones sobre higiene personal.
Trato respetuoso y cortés	*Feedback* de superiores, compañeros y clientes sobre el trato recibido por Ana (encuesta).
Escucha activa y respeto al turno de palabra	Observaciones durante reuniones y conversaciones. Evaluaciones de compañeros sobre el respeto al turno de palabra. Número de veces promedio que interrumpe a otras personas durante una reunión (observación y registro).

Continúa en la página siguiente

Ámbito de actuación	Indicadores
Uso de lenguaje apropiado	Evaluaciones de compañeros y superiores sobre el lenguaje utilizado por Ana en el trabajo.
Pautas de comportamiento	Observaciones sobre el cumplimiento de las normas de comportamiento.
	Registro de incidentes relacionados con fumar o comer durante horas de trabajo, así como sobre otras conductas inapropiadas.
Distancia personal	*Feedback* de compañeros sobre el respeto al espacio personal.
Comprensión y respeto a la jerarquía	Observaciones y evaluaciones sobre el seguimiento de líneas de comunicación y respeto a la jerarquía.

Actividades específicas a implementar

1. Talleres de Habilidades Sociales:
   a. Sesiones semanales de 2 horas durante los primeros tres meses.
   b. Temas: comunicación efectiva, respeto a turnos de palabra, interpretación de señales no verbales, etcétera.
2. *Role-playing:*
   a. Simulación de situaciones comunes en el entorno laboral (reuniones, interacciones con superiores, etcétera).
   b. Prácticas de respuestas adecuadas en diversas situaciones sociales.
3. Mentoría y *feedback:*
   a. Asignación de un mentor o preparador laboral que se reúna con Ana semanalmente para discutir progresos y áreas de mejora.
   b. Sesiones de *feedback* constructivo cada dos semanas.
4. Uso de ayudas visuales:
   a. Implementación de pictogramas en el lugar de trabajo para recordar conductas adecuadas.
   b. Guiones sociales que describan cómo manejar situaciones específicas (por ejemplo, cómo saludar a un superior).
5. Sesiones de evaluación y ajuste:
   a. Evaluaciones mensuales para revisar el progreso y ajustar las estrategias según sea necesario.
   b. Encuestas y entrevistas con compañeros y superiores para obtener *feedback* sobre los cambios observados.
6. Revisión y seguimiento:
   a. Evaluación final al final del sexto mes para revisar los logros alcanzados.
   b. Planificación de seguimiento a largo plazo con sesiones de mentoría y evaluación periódica si se considera necesario.

GLOSARIO

Asertividad: capacidad de expresar pensamientos, sentimientos y necesidades de manera clara, directa y respetuosa, defendiendo los propios derechos sin agredir ni someterse a los demás.

Autocontrol emocional: habilidad para gestionar y regular las propias emociones de manera consciente y constructiva, manteniendo la calma y actuando de manera apropiada en situaciones difíciles o estresantes.

Cooperación: proceso de trabajar conjuntamente con otras personas hacia un objetivo común, compartiendo esfuerzos, recursos y responsabilidades de manera armoniosa y eficiente.

Escucha activa: habilidad de comunicación que implica prestar atención plena y consciente al hablante, mostrando interés, entendiendo su mensaje y respondiendo de manera adecuada, facilitando una comunicación efectiva y empática.

Estilos de comportamiento: patrones de conducta que caracterizan la manera en que una persona interactúa con los demás y afronta diversas situaciones.

Normas explícitas: reglas o directrices claramente definidas y comunicadas dentro de un grupo o sociedad, que regulan el comportamiento y las interacciones de sus miembros.

Normas implícitas: reglas no escritas y tácitamente entendidas dentro de un grupo o sociedad, que influyen en el comportamiento y las expectativas de sus miembros a través de la cultura y las costumbres.

Resolución de conflictos: proceso de abordar y solucionar desacuerdos o disputas de manera constructiva, utilizando técnicas de negociación, mediación y comunicación efectiva para alcanzar un acuerdo satisfactorio para todas las partes involucradas.

MAPA CONCEPTUAL

CONDUCTA SOCIAL EN EL ENTORNO LABORAL

NORMAS SOCIALES IMPLÍCITAS EN LOS ENTORNOS LABORALES

– Reglas «no escritas» que deben cumplirse para adaptarse al entorno.

RELACIONES INTERPERSONALES Y RESOLUCIÓN DE CONFLICTOS INTERPERSONALES

– Estilos de comportamiento (competitivo, colaborativo, de compromiso, evitativo y complaciente).

– Entrenamiento en técnicas de resolución de conflictos.

Bibliografía

BALLESTER, R. y GIL, M. D. *Habilidades sociales: evaluación y tratamiento.* Madrid: Síntesis, 2002. ISBN: 84-7738-948-9

BALLESTER, R. y GIL LLARIO, M. D. *Habilidades sociales.* Editorial Síntesis, 2002. ISBN: 978-84-7738-948-4

CABALLO, VICENTE. *Teoría, evaluación y entrenamiento de las habilidades sociales.* Promolibro, 1988. ISBN: 978-84-8620-194-4

CASTILLO, SILVIA. *Destrezas sociales.* Altamar, 2013. ISBN: 978-84-1530-933-8

GIL, F. y LEÓN J. M. *Habilidades sociales. Teoría, investigación e intervención.* Editorial Síntesis, 1998. ISBN: 84-7738-584-X

GÜEL, MANEL. *¿Por qué he dicho blanco si quería decir negro? Técnicas asertivas para el profesorado y formadores.* Editorial Graó, 2005. ISBN: 84-7827-365-4

GUIL BOZAL, A. (dir.) *Psicología social del sistema educativo.* Editorial: Kronos, 2003. ISBN: 84-8673-79-X

OSORIO OTERO, M.; JIMÉNEZ SEGADO, P. R.; GARCÍA SANTAFÉ, P. *Características y necesidades de las personas en situación de dependencia.* Editorial: McGraw Hill, 2012. ISBN: 978-84-4817-596-2

PÉREZ, ISABEL PAULA. *Habilidades sociales, educar hacia la autorregulación: conceptualización, evaluación e intervención.* Horsori Editorial, 2000. ISBN: 978-84-8584-085-4

REDORTA, JOSEP. *Aprender a resolver conflictos.* Paidós Ibérica, 2007. ISBN: 978-84-4932-076-7

VERDUGO, M. A. (dir): *Cómo mejorar la calidad de vida de las personas con discapacidad. Instrumentos y estrategias de evaluación.* Editorial Amarú, 2006. ISBN: 84-8196-244-9

VERDUGO, M. A.; SCHALOCK, R. L. *El cambio en las organizaciones de discapacidad.* Alianza Editorial, 2013. ISBN: 978-84-2067-605-0

VIVED, E.; CARDA, J.; ROYO M.; BETSEBÉ E. *Autodeterminación, participación social y participación laboral: Un programa para jóvenes con discapacidad intelectual.* Mira Editores, 2012. ISBN: 978-84-8465-432-2

Recursos en línea

Calidad de vida: Una revisión teórica del concepto. (Alfonso Urzúa y Alejandra Caqueo-Urízar).

https://www.scielo.cl/scielo.php?script=sci_arttext&pid=S0718-48082012000100006

Escala de calidad de vida WHOQOL-BREF.

https://zaguan.unizar.es/record/11708/files/TAZ-TFM-2013-617_ANE.pdf

Un recorrido histórico del concepto de salud y calidad de vida a través de los documentos de la OMS.

http://www.revistatog.com/num9/pdfs/original2.pdf

Aplicación del paradigma de calidad de vida a la intervención con personas con discapacidad desde una perspectiva integral.

http://sid.usal.es/idocs/F8/FDO26212/Investigacion7.pdf

El concepto de calidad de vida en los servicios y apoyos para personas con discapacidad intelectual.

https://www.plenainclusion.org/sites/default/files/224_articulos2.pdf

Escala integral de la Calidad de Vida. Desarrollo y estudio preliminar de sus propiedades psicométricas.

https://www.plenainclusion.org/wp-content/uploads/2021/03/224_articulos3.pdf

Autodeterminación y calidad de vida de las personas con discapacidad. Propuestas de actuación. (Miguel Ángel Verdugo).

http://ardilladigital.com/DOCUMENTOS/CALIDAD%20DE%20VIDA/CALIDAD%20DE%20VIDA%20Y%20BUENA%20PRACTICA/Autodeterminacion%20y%20calidad%20de%20vida%20en%20las%20personas%20con%20discapacidad%20-%20Verdugo%20-%20articulo.pdf

Índice de Katz

https://www.editorialufv.es/wp-content/uploads/Tablas_libros_geriatria.pdf

Potenciación de la autonomía en personas con discapacidad intelectual desde la perspectiva de los derechos humanos

https://dialnet.unirioja.es/servlet/articulo?codigo=5723610

Convención Internacional sobre los Derechos de las Personas con Discapacidad

http://www.un.org/esa/socdev/enable/documents/tccconvs.pdf

Referencias legislativas

Ley 39/2006, de 14 de diciembre, de Promoción de la Autonomía Personal y Atención a las personas en situación de dependencia.

https://www.boe.es/boe/dias/2006/12/15/pdfs/A44142-44156.pdf